Rich致富 *361*

DeFi未來銀行

可公開驗證、紀錄不可竄改，
輕鬆實現跨境交易、人人都將參與的新金融革命

DeFi and the Future of Finance

坎貝爾・R・哈維博士（Campbell R. Harvey, PHD）、
艾胥文・拉馬虔蘭 （Ashwin Ramachandran）、
喬伊・桑托羅 （Joey Santoro）
◎ 著

周玉文 ◎ 譯

高寶書版集團

「DeFi 很可能從根本上改變未來的金融服務格局。也許一切才剛開始,但改變已經發生,所有牽涉到金融產業的機構都必須了解何謂去中心化金融:它如何運作、如何利用它提升金融產品與服務,以及可能存在的風險。本書全面介紹了當前市場上的去中心化金融協議,想跟上這波金融變革的人都應該讀這本書。」——孫至德,國泰金控資深副總經理

「綱舉目張,深入淺出,總算讓我們等到了一條窺探 DeFi 堂奧的捷徑,一本值得仔細閱讀的好書。」——張凱君,台灣金融研訓院金融研究所副所長

「人人擁有虛擬資產的時代即將到來,而 DeFi 將創造的創新經濟關係,值得你我率先了解、搶先佈局。」——彭少甫,台灣區塊鏈大學聯盟理事長、台灣虛擬通貨反洗錢協會副理事長、台灣區塊鏈大聯盟展學合作組召集人

「DeFi 歷史的發展背景與精神正確呈現,相關基礎知識到深入解析都有,書末辭典也很實用,是能讓所有人更加容易認識 DeFi、談論 DeFi 的一本入門好書。」——葛如鈞(寶博士),《寶博朋友說》發起人

目 錄
CONTENTS

推薦序

杜若宇

Hooky Finance 創辦人、

台灣區塊鏈大學聯盟共同創辦人、

台大資工系客座講師、台大電機系博士在學

學習「去中心化金融」有什麼好處？

　　學習「去中心化金融」，不僅是探討財富如何重新分配的學問，更是探討如何促進人類合作、形成人類社會的學問，如何成為負責任規則制定者、賢明的統治者的學問。我會接著解釋為什麼。

　　根據統計網站 DeFi Llama 的數據，「去中心化金融」在 2022 年初的總鎖倉量達到 2,500 億美元，是 2019 年初的 1,000 倍，如我們所見，更高效的金融模式迅速被全世界的先驅者大幅採用，財富重新分配的新戰場也就此打開。然而，「去中心化金融」的格局遠遠不止於財富。

　　一開始在學習「去中心化金融」時，我們會發現自己花非常多的時間，被迫去理解財富如何分配、理解治理權利如何分配、理解紀錄權利如何分配。

作為去中心化金融的參與者、投資者或投機者，因為想要獲利，所以會被迫去觀察上述關於分配、治理、紀錄的參數，參數「合理」才會加入。除非你是賭徒，不然你不會希望自己加入了一場龐氏騙局。從這個時候，我們就已經開始學習財富分配了。但何謂「合理」？

要創造讓大部分人類與機器人都「滿意」的分配方法，並不容易。在撰寫此文的當下，剛好遭遇 2022 年 5 月 11 日充滿龐氏經濟設計的「UST-Luna 機制」崩盤，算法穩定幣 UST 嚴重與美元脫鉤，底層協議代幣 Luna 連續兩日虧損 99%，從 80 美元來到 0.008 美元。如此明顯的龐氏經濟，仍然產生大規模的的合作，顯然「合理」與「滿意」的合作機制是主觀的，並沒有一定的標準。也就是說，的確有許多賭徒存在。

該如何設計機制呢？

我們可以反向思考，如果是開發者、創造者、規則制定者，為了吸引參與者，通常會希望能更「合理」分配金庫裡面的財富、金庫的治理權利、金庫的帳務紀錄權利。分配機制設計得合理，就可能產生大規模合作；分配機制設計得不合理，合作就可能會破局。

要怎麼讓一群在網路上匿名、互相不認識的人類，在虛擬世界，穿越空間的進行合作？這不是一件簡單的事。甚至，在這個新世界中，有許多參與者不是人類而是 AI 機器人，他們被人類創造出來，也和人類一樣參與合作。

於是這些先驅者，開始借鑑世界上已經存在的學問。我們很驚訝的發現，原來這些範疇我們已經研究很久了。只要談到合作，例如成立公司，由於資源有限，就會產生獲利分配的問題；而涉及更大規模的合作，例如成立一個企業，甚至國家，就會有更複雜的財富分配問題。

機制設計的細節

「資源（財富）的分配方式」有幾種主流的分配框架，就是我們經常聽到的資本主義、共產主義、無政府主義等，這些知識分別存在於社會、經濟學系，於是我們有了 PoW、PoS、dPoS……等底層共識機制。關於交換、借貸、抵押等行為，在財務、金融等學系也都有相關知識儲備，於是我們有了 X*Y=K、cToken 等分配方法。

　　而控制財富分配權利，我們稱為「治理方式」，也有幾種主流方式，例如獨裁、專制、民主等。我們可以在政治系、社會學系找到類似的理論。於是我們也有了各種不同實驗性質的投票方式，各種 DAO、治理代幣、委託投票、治理提案的機制。

回到本書

　　本書羅列了各種經典的去中心化金融專案，專案中設計的各種機制，看似簡單，卻都是各種知識經過精煉濃縮，並且經過社會實驗後產生的結果。我推薦任何想要參與或投資去中心化金融的朋友閱讀這本書。

　　如果你也想當開發者，多思考幾遍本書的經典專案，我們會發現，機制的成敗經常只有幾條細微的改動。如同這個社會的運作機制，身為治理者，明君與庸君經常只有一線之隔，而本書可以協助你走向明君的道路。

序

佛萊德・爾森（Fred Ehrsam）

加密貨幣投資商 Paradigm 共同創辦人兼執行合夥人、

加密貨幣交易所 Coinbase 共同創辦人

　　去中心化金融的英文縮寫 DeFi 分別擷取「去中心化（decentralized）」與「金融（finance）」的前兩個字母組成，這個新詞代表一套從零開始打造的全新金融體系，光看字的表面無法闡明它的實質潛力。值此撰文之際，去中心化金融體系僅擁有相當於幾百億美元的資產，相較於坐擁幾百兆美元的傳統金融體系仍無足輕重，但它正迅速成長。也許它還需要一段時間才成氣候，但我相信去中心化金融未來將成為全世界主要的金融體系。怎麼說呢？因為它是貨真價實的「網際網路貨幣」。網際網路使一股普世、開放的資訊力量得以彰顯，四十年來，另一股同樣開放、席捲全球的價值轉移現象也隨之浮現，而普羅大眾卻對這個現象視而不見。

　　加密貨幣與它所賴以建立的去中心化金融體系就和任

何新技術一樣，將與舊世界的類似事物走上不同條路。相較於傳統金融體系，去中心化金融獨一無二之處在於它無需准入、開放擷取、通行全球、可以組合替換而且完全透明化，進行基本的金融操作再也不需要經過中心化機構。你就是自己的銀行，並可以從區塊鏈程式碼中取得金融信用，完全不假任何機構之手！雖然這套金融生態系統目前的基礎建設仍十分稀少，卻已成為一個無法抵擋的現象，而我們投入的作為很可能根本不及其規模的百分之一。此刻，一套新興的全球開發商生態系統正在建構未來的金融模塊。在 Paradigm 內部，我們時常自問：「要是市場上有一張金融的原始元素週期表，至今我們已建構出什麼工程？還需要填充什麼元素？」那些缺口就是創業家的大好商機。

去中心化金融就和網際網路一樣，將可能使得金融服務更便宜、快速、安全、個人化。若說串流平台 YouTube 將影音內容的廣度拓展好幾個量級，讓任何人都能免費、輕易地創造並使用影音，去中心化金融同樣讓任何人擁有近乎零成本的基礎，它又將為金融產品做出什麼貢獻？未來尚待我們動筆創造，從本書中可窺見一斑，而作為本書讀者，你正手握創造未來的力量。

前言

維塔利・布特林（Vitalik Buterin）
以太坊（Ethereum）共同創辦人

　　去中心化金融（DeFi）一直都是我最期望能目睹眾人在以太坊上打造的部分。諸如用戶發行資產、穩定幣、預測市場、去中心化交易所等概念已經占據了我絕大部分的思緒，對那些早在 2013 年至 2014 年間就試圖打造區塊鏈科技下一個階段的許多有志之士來說也一樣。與其他人鎖定一連串已知的現有應用範例打造一座有限平台的做法不同，以太坊引進一般目的的可編碼性，允許以區塊鏈打造的智能合約可以根據預先定義的規則持有並轉移數位資產，甚至支持完全零金融成分的應用程式。

　　以太坊社群成員幾乎是立即就開始研發鏈上的穩定幣、預測市場與交易所等應用程式，但是一直過了五年多生態系統才真正開始成熟。我相信，去中心化金融將為全世界創造全新的、容易上手而且全球各地都可使用的金融體系。舉例來說，穩定幣之類的應用程式是至今去中心化金融領域中最珍貴的創新之一，它們讓全世界任何人都能受益於加密貨幣審查抗力、自主權與即時的全球可獲取性，同時擁有美元的購買力與穩定性；又或者，假使美元不再穩定，它們能讓眾人快速將資金轉移到另一種更能維持穩定性的資產。

為何去中心化金融很重要？對邊緣化群體來說，金融審查始終是問題，因為諸多限制與無法迴避的難處往往超越任何法律的實際要求。一旦我們開始超越已開發國家相對安全的泡泡並展望未來，這一點就益發正確。去中心化金融能大幅降低實驗成本，讓打造全新應用程式更簡易，而且具備可驗證開源碼的智能合約，大幅剷除有必要信任創辦團隊管理資金的障礙。去中心化金融提供「可組合替換性」，讓全新的應用程式輕易、立即就能與任何其他既存的應用程式交互作用。這些都是衝著傳統金融體系而來的重大改進，也是我相信目前尚未受到充分重視的部分。

在本書中，作者群探討去中心化金融針對傳統金融體系提出的諸多挑戰，同時他們也詳細解說許多當今去中心化金融最關鍵協定的深度工作成果，包括穩定幣、自動造市商等。

我向有興趣更深入了解以太坊與去中心化金融協定的任何人

推薦本書。

CHAPTER 1

踏入去中心化金融之前

　　我們繞了一大圈又回到原點。最早的市場交換形式是點對點交易，也就是一般所稱的以物易物[1]。以物易物超級沒有效率，因為同行之間的供應與需求兩端必須精準匹配，於是誕生了當作交換並儲存價值媒介的貨幣，以便解決匹配問題。貨幣最初有各種形態，中介者接受任意數量的石塊或貝殼等物件以換取貨物，最終誕生出硬幣這種具備有形價值型態的貨幣。時至今日，我們擁有的是中央銀行掌控的非擔保（即法定）貨幣，這種貨幣的型態隨著時間推移而漸漸改變，但是金融機構的根本原則並沒有變化。

　　然而傳統金融機構的根本原則正遭受歷史性的破壞，疊床架屋的現象日益嚴重。去中心化金融試圖打造並組合開源的金融組件，應用區塊鏈技術為用戶製造出具備磨合度最低與最大價值的精密產品，無論是只有 100 美元或坐擁 1 億美元資產的客戶，它都不收分文就能提供服務。我們相信，去中心化金融未來將會取代所有意義重大的中心化金融基礎建設。這是一套具有包容性的新技術，任何人只要支付一筆固定費用，就能享受並從中受益。

　　從根本上來說，DeFi 就是一處廣納去中心化金融應用程式的競爭市場，它們發揮諸如換匯、儲蓄、放款和代幣化等各種金融「原始協議」的功能。這些應用程式受惠於網路效應，亦即先結合去中心化金融產品然後再打散重組，同時從傳統金融生態系統中獲得越來越高的市場占有率。

這本書詳述去中心化金融能夠解決的弊端：集中式掌控、服務的有限獲取、效率低落、缺乏互操作性及不透明。隨後我們描述當前強勁成長的去中心化金融格局並呈現去中心化金融解鎖未來商機的願景。接下來讓我們先從弊端入手。

集中式金融系統的五大弊端

幾百年以來，我們一直生活在集中式金融世界中。中央銀行掌控貨幣供應，金融交易主要透過中介機構完成，借款、放款也得透過傳統銀行機構處理。然而近幾年來，有另一套截然不同的模式取得可觀進展：去中心化金融。在這套架構中，業者借助一個不受任何中心化組織掌控的共同帳本互動。去中心化金融具備龐大潛力，得以解決以下五大與集中式金融息息相關的關鍵弊端：集中式掌控、有限獲取、效率低落、缺乏互操作性及不透明。

一、集中式掌控

中心化會導致程序繁瑣。多數消費者與企業都是與掌控利率及費用的單一家地區型銀行打交道，換一家雖然可行，但可能需要付出高昂代價。更進一步來看，美國銀行體系高度集中化，當前規模前四大銀行占有受保存款的比率高達44%，而這個比率在 1984 年僅有 15%[2]。有趣的是，美國銀行體系的集中化程度其實還低於英國、加拿大等其他國家。

在集中式銀行體系中，一個整併而成的實體會試圖制定短期利率並影響通貨膨脹。這種現象不單見於傳統金融業，諸如 Amazon、Meta 與 Google 等科技巨擘也有同樣的現象，如今它們主導零售與數位廣告等產業。

二、有限獲取

時至今日，尚有十七億人口仍是銀行絕緣體，他們想獲取貸款以便在這個網路商務世界中做生意難如登天，許多消費者必須求助發薪日貸款業務才能度過資金流動短缺的難關。然而即使他們能與銀行往來，卻不保證能取得貸款。舉例來說，銀行可能不想費事打理一家新企業提出的小額貸款請求；反之，它可能建議對方申辦每年借款利率遠高於 20% 的信用貸款（以美國為例），對尋找有利可圖的投資專案來說，這是有如天險一般的高門檻。

三、效率低落

集中式金融體系處處可見效率不彰，或許最讓人傻眼的例子就是信用卡交換費率。由於支付網路具備寡頭壟斷的定價權力，消費者與小型企業每刷一筆款項就會損失高達交易價值 3% 的金額，匯款費約占總金額 5% 至 7%。就連一筆

股票交易都得浪費兩天「交割（即正式轉讓所有權）」。在
網路時代，這根本是一個難以置信的速度。其他效率不彰的
例子包括資金轉移又貴又慢、直接與間接的中介費用、缺乏
安全性以及無法處理微型交易，其中許多對用戶來說並不明
顯。在當今的銀行體系中，存款利率定在極低水位，貸款利
率卻設得很高，這是因為銀行得支付實體設備成本。保險業
又是另一個貼切的實例。

四、缺乏互操作性

　　消費者與企業在一個封鎖互通性的環境中與金融機構打
交道。眾所周知，美國金融體系各自為政，用意便是要維持
高昂的轉換成本。從一家機構移轉資金到另一家有可能過分
耗時、繁複。舉例來說，電匯就可能花上三天才完成。

　　2019 年，置身集中式金融領域的信用卡供應商 Visa 有
意緩解弊端，因而試圖購併金融服務初創商 Plaid[3]，它的產品
容許任何企業取得用戶同意後便能進入某家機構的資訊庫。
雖說這項策略性舉措有助 Visa 再多爭取一些時間，但並未解
決當前金融基礎建設的根本弊端。

五、不透明

當前的金融體系毫不透明。銀行顧客對他們往來銀行的財務狀況所知甚微，反而必須對只能為他們的存款提供有限保護的美國聯邦存款保險公司（Federal Deposit Insurance Corporation，FDIC）有信心。甚至，對他們來說，就連知道對方提供的貸款利率是否具有競爭力都很困難。雖說消費者保險業提供消費者找到「最低廉」價格的金融科技服務，進而取得一些進展，貸款市場卻非常零碎分散，只不過相互競爭的放款機構也是這套效率不彰體系的受害者。結果是，最低價格依舊反映出傳統的實體成本和膨脹的後台成本。

如何解決集中式金融系統弊端？

　　前面提及的五大弊端會帶來雙重影響。首先，這些成本都會導致經濟成長減緩。舉例來說，假使貸款利率走高是源於遺留成本，優質的投資專案有可能必須忍痛放棄。企業家的優質創意可能設定報酬率目標為 20%，這不折不扣正是加速經濟成長的專案類型，倘若銀行的回覆是建議企業家轉向申辦年利率 24% 的信用貸款，這項看似有利可圖的專案有可能從此胎死腹中。

　　其次，這些弊端延續或加劇不平等。在政治層面上，多數人都會同意機會應該均等：一項專案是否提供融資機會應該是基於商業點子的品質、執行計畫的合理性，而非出於其他因素。重要的是，一旦好點子無法獲取資金挹注，不平等也就會限制成長。儘管美國號稱是處處皆機遇的沃土，卻是最底端 25% 收入的人口提升到頂層 25% 收入人口紀錄最差的國家之一[4]。某部分來說，機會不平等加劇是源於一般人無法觸及當今的銀行體系，只能仰賴發薪日貸款這類的高成本替代融資，以及沒有在現代電子商務世界中交易的能力。

　　這些影響十分廣泛，而且無論如何評估，都會是一張詳載集中式金融體系嚴重弊端的冗長清單。傳統的金融基礎建設已經無法完全適應如今的數位時代，去中心化金融提供改變的新契機。這門科技仍於起步階段，深具潛藏的變革性。

　　我們在撰寫這本書時設定了一個以上的目標。首先，我們試著找出當前系統中的弱點，包括討論一些挑戰集中式金融業務模式的早期舉措。其次，我們將會探索去中心化金融的起源，接著探討去中心化金融的一項關鍵要素：區塊鏈技術。再來我們會詳述去中心化金融提供的解決辦法，將它們結合這個新興領域的某些前瞻思維並深入探討。其後我們將分析這個領域主要的風險要素，最後展望未來並試圖找出在這個趨勢之中可能的贏家與輸家。

CHAPTER 2

現代去中心化金融的起源

金融簡史

　　即使當今的金融體系深受效率不彰所苦，比起以往仍是好太多了。以前的市場交換只能點對點，以物易物則是需要雙方的需求完全匹配。為此，一種非正式的信用系統在小村落中應運而生，居民藉由這套系統在心中記成一筆「禮物」。[1]

　　現代化幣制很晚才問世，大約西元前六百年首見於小亞細亞中西部古國利底亞（Lydia），提供我們所認定當今貨幣的功能：記帳單位、交換媒介以及儲存價值。貨幣的重要特徵涵蓋耐久性、便攜性、可分割性、統一性、有限供應、可接受性和穩定性。紙鈔最初源於中國，十三世紀才一路傳入歐洲。

　　1871 年，全球最大匯款公司西聯（Western Union）推出轉移非實體貨幣服務。初期一張 300 美元的服務費合計 9.34 美元，約是總額的 3%，這個價格一百五十年來幾乎沒有任何改變，這一點叫人大開眼界：即使是照例來說價格較高的轉帳，信用卡收費也是 3%。

　　七十五年來，我們見證金融世界許多創舉：1950 年是信用卡（即大來卡 [Diners Club]）；1967 年是英國巴克萊銀行（Barclays Bank）的自動提款機（automated teller machine；ATM）；1983 年是蘇格蘭銀行（Bank of Scotland）的電話語音銀行業務；1994 年是美國史丹佛聯邦信用合作社（Stanford Federal Credit Union）的網路銀行業務；1997 年有行動快刷（Mobil Speedpass）的無線射頻識別系統（Radio Frequency Identification，RFID）支付；2005 年是信用卡發行商萬事達（Mastercard）的密碼晶片信用卡；還有 2014 年科技巨擘 Apple 推出行動支付服務 Apple Pay。

　　重點是，所有這些創新都建立在集中式金融基礎之上。雖說總有些科技進展，但一百五十年來銀行體系的結構鮮有變化。也就是說，過去的數位化依舊是為了支援傳統結構。這套老舊系統的高額成本激發了更進一步創新，亦即如今耳熟能詳的金融科技（fintech）。

金融科技

　　一旦成本居高不下，新創就會乘勢崛起，利用解決效率不彰獲益。然而，有時候強大的中介商可能會減緩這道過程。二十年前，外幣換匯市場就有這麼一個早期去中心化金融實例。當時，大型企業利用它們的投資銀行管理外匯需求，舉例來說，一家總部設於美國的企業 9 月底可能需要一筆 5 千萬歐元資金，用以支付它在德國購買的商品。它的往來銀行將會為了這筆交易提出報價；與此同時，銀行的另一家客戶則剛好需要在 9 月底出售 5 千萬歐元，銀行則會提出另一筆報價。兩筆報價的差額即是通稱的利差（spread），它正是銀行身為中介商所賺取的利益。考慮到外匯市場產值高達幾兆美元，這部分堪稱銀行獲利的重要來源。

　　2001 年，一家金融科技初創商提出以下構想[2]：與其採取個別企業詢價各家銀行以便取得最佳報價的做法，何不乾脆制定一套媒合買家與賣家的電子系統，讓雙方直接取得價格共識並消弭中間的利差？事實上，銀行根本可以為自家顧客提供這套服務並收取比利差更合理的費用。尤其是，考慮到有些顧客同時與數家銀行往來，集結所有銀行顧客加入這套點對點的網路將大有可為。

你完全可以想像人們對此喜聞樂見。或許銀行會這樣說：「你是在告訴我，我們應該投資這一套電子系統，它不僅會蠶食自家業務，還會在很大程度上消滅一個至關重要的利潤中心嗎？」然而早在二十年前銀行就已經了然於胸，它們最大的顧客都對於當前系統有諸多不滿。隨著全球化貿易風起雲湧，這些顧客必須支付毫無必要的外匯交易成本。

時間更往前推的例子是暗池股票交易（dark pool stock trading）。1979 年，美國證券管理委員會（Securities and Exchange Commission，SEC）制定名為《19c3 規則》（Rule 19c3）的法規，允許已經在紐約證券交易所（New York Stock Exchange，NYSE）之類某一家證交所上市的股票也可以在場外交易。許多大型機構將大宗買賣的交易案移往這些暗池，在此它們花費的成本遠低於傳統固定在證交所的點對點交易。

　　過高的交易成本已催生出許多金融科技創新。二十多年前，網路支付領域先驅 PayPal[3] 問世；2017 年，美國規模前七大的銀行推出它們合力打造的支付系統 Zelle[4]。這些降低成本的金融科技進展有一個重要的共通性，那就是它們都仍然倚賴當前金融基礎建設的中心化骨幹。

比特幣與加密貨幣

　　起始於 1980 年代初期的幾十場數位貨幣倡議行動都以失敗告終[5]。然而，2008 年，名滿天下的中本聰比特幣白皮書[6]一發表，產業格局隨即丕變，這份報告揭示一套採用區塊鏈概念的去中心化點對點系統。區塊鏈是在 1991 年由科技研究機構貝爾實驗室密碼學家史都華・哈波（Stuart Haber）與科學家 W・史考特・史多內塔（W. Scott Stornetta）[7]共同發明，最初主要是被設想成一套時間戳記系統，以便追蹤同一份文件的不同版本。比特幣的關鍵創新就是結合區塊鏈概念（時間戳記）與一套名為工作量證明（proof of work；PoW）的共識機制（2002 年由英國加密學家亞當・貝克 [Adam Back][8]引入）。這個技術產出一份不容變更的分類帳本，並消弭任何數位資產的關鍵問題：你可以製作完全一致的副本，而且可以重複使用。區塊鏈提供價值儲存領域渴望的重要功能，而且它們以前從未同時出現在單一項資產中。區塊鏈提供密碼技術加持的稀缺性（比特幣的固定供應上限為 2,100 萬單位）、抗審查與用戶主權（亦即除用戶本人之外，沒有

任何實體可以決定如何使用資金），以及便攜性（可以支付
比較低的費用，發送任何單位到任何地方）。這些功能全都
結合在單一技術中，讓虛擬貨幣成為強大的創新之舉。

　　比特幣的價值主張很重要，最好的理解方式就是與其他
金融資產的價值主張並列齊觀。舉例來說，試想一下美元，
1971 年金本位制被放棄之前，它是由黃金在背後支撐。如
今外界對美元的需求來自（一）稅收；（二）購買以美元計
價的美國商品；以及（三）償還以美元計價的債務。這三大
情境創造的價值不是內在固有，而是基於一套名為美國經濟
的網路，這幾大組成要素擴張或緊縮都會影響美元價格。除
此之外，美元供應面遭受衝擊後會落定在某一層特定的需求
水準自行調整價格，美國聯邦準備理事會（Federal Reserve，
Fed）可以借由貨幣政策調整美元供應，以試圖實現金融或政
治目標。通膨會侵蝕美元價值，隨著時間拉長減損它儲存價
值的能力。我們可能會擔憂失控飆升的通膨率，也就是美國
避險基金富豪保羅・都鐸・瓊斯（Paul Tudor Jones）所稱大
貨幣通膨（great monetary inflation），它將會引領眾人轉向抗
通膨資產 [9]。黃金由於實質供應量有限、具體效用與通行全
球的可信度，已被證明是一項成功的通膨避險工具。然而，

考慮到黃金是一種波動性資產，它淵遠流長的避險能力唯有
在眼光放得足夠長遠時才能實現 [10]。

許多人主張，比特幣不具備「實體」價值，因此應該毫
無價值。再繼續比較黃金，約莫三分之二的黃金用於珠寶，
另外一部分用於科技硬體。黃金具備實體價值，而美元是法
定貨幣，具備「法償效力」。然而歷史上有許多實例顯示，
貨幣是在不具備任何有價支持的情況下崛起的。

一個相對新近的實例就是伊拉克瑞士第納爾幣（Iraqi
Swiss Dinar）。1990 年波斯灣戰爭（Gulf War）爆發前，它
是通行伊拉克的貨幣，它的印刷版是在瑞士製造，因此得名，
後續的印鈔作業則是委外在英國進行。1991 年，伊拉克分
裂，庫德族（Kurd）掌控北方、前總統薩達姆‧海珊（Saddam
Hussein）占據南方。伊拉克受到制裁，無法從英國進口第納
爾幣，只得在當地生產。1993 年 5 月，伊拉克中央銀行宣布，
公民必須在三週內將舊有幣值 25 單位的第納爾紙鈔兌換成
新鈔。之後，舊有的第納爾紙鈔將無法兌換。

然而，伊拉克北方繼續使用舊有的第納爾紙鈔；在南方，

新造的第納爾紙鈔隨即遭逢極端通膨。最終，300 單位第納爾幣才能兌換 1 伊拉克瑞士第納爾幣。這裡的關鍵是，伊拉克瑞士第納爾幣雖然少了官方撐腰，但各界依舊視它為貨幣予以採用。它雖不具備實體價值，但依舊保有價值。也就是說，價值可以源自實體和虛擬兩種來源。

我們稍早論及比特幣的特點，特別是稀缺性與自主權，讓它成為價值的潛在儲存工具，以及全球政府大權在握引發政治與經濟動盪時的可能避險標的。隨著網路發展，價值主張只會因為日益高築的信任與流動性繼續走升。雖說比特幣最初的構想是當作一種點對點貨幣，它的通貨緊縮特徵和固定費用卻不利於套用在小額交易中。我們認為比特幣是加密貨幣這種全新資產類別的代表，它可以依據各種使用情境的網路建構方式順勢而為。我們相信，比特幣本身將以重要的價值儲存工具、作為長期的通膨潛在避險手段存在，並繼續成長 [11]。

現行的金融體系被政府與諸如中央銀行之類的機構所把持，最初加密貨幣僅是用以提供一個替代選項。它的崛起主要是出於一股渴望，期待能以不容變更、無邊無界的開源演

算法取代效率不彰又各自為政的金融體系。這些全新貨幣可
以借由區塊鏈調節自身諸如通膨與共識機制等參數，以便創
造不同的價值主張。我們稍後將會進一步深入探討區塊鏈與
加密貨幣，但目前先讓我們聚焦與去中心化金融中具有特殊
相關性的特定加密貨幣。

以太坊與去中心化金融

　　依市值計算，以太坊（以太幣）高達 2,600 億美元，高居當前第二大加密貨幣。2014 年，維塔利·布特林引入這道構想，2015 年，以太坊便開採出第一個區塊。以太坊在某種意義上，可說是依循比特幣應用邏輯來擴展，因為它適用於智能合約這種存在於區塊鏈中的程式碼，可以掌控資產與數據並且定義它們與網路參與者之間的互動。根據智能合約的能力，我們可以將以太坊定義為「智能合約平台」的角色。

　　以太坊與其他智能合約平台具體催生出名為 DApp 的去中心化應用程式，這些應用程式後端是由可以互換操作而且透明的智能合約建構而成，如果智能合約賴以生存的鏈結存在，它們就繼續存在。各種 DApp 允許各個節點之間直接互動，消除企業擔綱應用程式彼此互動的中央清算所之必要性。於是我們很快就可以看到，第一批殺手級 DApp 將是金融類型。

　　衝著金融 DApp 而來的驅動力演變成去中心化金融運動，尋求打造並結合開源的金融組塊，進一步合成複雜產品，為用戶的使用磨合最小化、價值最大化。因為去中心化金融立足於企業的高度，無論是坐擁 100 美元或 1 億美元資產的客戶都能免費獲得服務，因此擁護派相信，所有意義重大的金融基礎建設都將被智能合約取代，這樣便可為更龐大的用戶族群提供更高價值，任何人簡單支付一筆定額費用就能採用合約，從去中心化金融的創新中獲得好處。我們將在第三章詳細闡述智能合約平台與 DApp。

　　去中心化金融打從根本上就是一處金融 DApp 的競技市場，發揮諸如換匯、放款和代幣化等各種金融「協議（primitives）」的功能。它們受惠於網路效應，亦即先結合去中心化金融產品然後再打散重組，同時從傳統金融生態系統汲取越來越高的市場占有率。我們在本書設定的目標就是概述去中心化金融解決的問題、描述當前強勁成長的去中心化金融格局，也會呈現去中心化金融解鎖未來商機的願景。

CHAPTER 3

去中心化金融基礎建設

區塊鏈

　　去中心化金融的關鍵，也是去中心化的骨幹，就是區塊鏈技術。從根本上來說，區塊鏈是軟體之間的通訊協定，允許多方參與者在共享假設與數據，而且無需互相取信的情境下獨立運作。這些數據可以是任何事物，好比是供應鏈或帳戶中的庫存貨幣所處位置與目的地等資訊。這些更新的資訊被加密技術打包載入「區塊（blocks）」中，然後「鏈結（chained）」成串，讓參與者可以審核先前的紀錄，這就是區塊鏈的命名由來。

　　區塊鏈之所以大有可為，正是因為共識協定這套規則，它們決定什麼樣的區塊可以被納入鏈帶，好讓「事實」成立。這些共識協定的設計宗旨是防止惡意篡改，以達一定的安全界限。目前我們關注的區塊鏈採用工作量證明共識這種協定，它有賴強大算力（電腦的運算能力）與大量能源來處理難以運算的任務，進而決定採納哪一個區塊。參與者一致同意，最長的區塊鏈帶才是真理。要是攻擊者有意製造內含惡意交易的更長鏈帶，他們就必須跑得比整套網路其餘部分的所有運算任務更快。理論上，他們將會需要絕大部分的網路算力（Hash Rate）才能辦到。因此，大家聽過的 51% 攻擊率就是工作量證明的安全極限。所幸，對任何採取行動的參與者來說，即使是傾盡一國之力，想要在諸如比特幣或以太坊這些最廣泛應用的區塊鏈累積巨量網路算力，都是難如登天的目標。就算是可以暫時獲得大部分網路算力，可以被重複寫入成為區塊紀錄的數量也會受到這個主體獲准的持續時間所限制。

只要沒有惡意參與者可以獲取網路運算能力的主控權，所有交易將會由善意的參與者完成，並等到某一個區塊「獲勝」後將它加入分類帳本中。

在此，重點是放在工作量證明，但也有許多另類共識機制存在，其中最重要的是權益證明（proof of stake，PoS）。權益證明中的驗證者投入些許資本（即權益）檢驗區塊有效性，並藉由擔保他們的虛擬貨幣以便證明自身可用性。然後，他們可能會被選中、提議納入某一個區塊，這時許多其他驗證者便有必要加以測試。提議某一顆區塊和驗證其他人提議

區塊的驗證者都會獲贈好處。相較於工作量證明，權益證明

任務所需的運算密集度與能源消耗度都低很多。

加密貨幣

　　區塊鏈技術中人氣最高的應用就是加密貨幣，通常是一種稀缺的代幣，由加密技術保護與轉移。它的稀缺性就是價值可能性的保證，而它本身就是區塊鏈的創新。一般來說，數位物件能被輕易複製。正如 Google 前執行長艾瑞克・施密特（Eric Schmidt）[1] 所說：「（比特幣）是一項讓人驚嘆的密碼學成就，也是一種在數位世界創造無可複製卻又具有龐大價值之物的能力。」

　　由於有非對稱式的金鑰加密保護帳號，沒有人可以在不具備相應帳戶所有權的情況下發布虛假交易。你擁有一支「公開」金鑰，用以代表接受代幣的位址；也有一支「私鑰」，用於解鎖並使用你保管的代幣。你在使用網路時，同樣類型的加密技術也用於保護你的信用卡資訊和數據。單一帳戶無法「重複花費」自有的代幣，因為分類帳本會在任何指定的時間審核餘額，而且錯誤的交易也不會被清除。這種無需中央當局批准就能防止重複花費的能力，正說明了應用區塊鏈維護底層分類帳本的主要優勢。

　　最初的加密貨幣模式就是比特幣區塊鏈，它具有完全不受中介或審查干涉，橫跨全世界即時儲存並交易比特幣的能耐，因此幾乎完全當作支付網路應用。比特幣的價值是由強力的價值主張所賦予的，雖說它的網路影響力強大，但加密貨幣領域已有一些競爭對手提供更進一步強化的功能。

智能合約平台

　　去中心化金融的其中一項關鍵組成，就是智能合約平台，它不僅超越比特幣這類簡單的支付網路，更有強化整串鏈帶的能耐。以太坊就是一個明顯的例子。智能合約是一套能在區塊鏈上用以打造、轉換任意數據或代幣的程式碼，它擁有允許用戶無須取得信任就能為任何類型的交易編制規則的強大能力，甚至還能創造具備特定功能的稀缺資產。許多傳統商業協定的條款也都能轉換成智能合約，如此一來不僅可以逐條列舉，還能通過演算法執行那些條款。智能合約的適用範圍已超越金融層面，觸及遊戲、數據管理與供應鏈。

　　以太坊會對對每一筆交易收取礦工費（gas fee），可以想成開車必須耗費一定數量的汽油，而汽油得花錢買。試想以太坊是一部無比龐大的電腦，內嵌許多諸如智能合約之類的應用程式，假設有人想要使用這部電腦，就必須為每一個運算單位支付一筆錢。寄發以太幣（ETH）之類的簡易運算只需耗費最小量工作就能更新相應的帳戶餘額，因此礦工費相對低廉。涉及鑄造代幣、掃視大量合約以便審閱不同狀況的繁複運算需要更大量的礦工出力，因此收費較高。然而，礦工費有可能帶來比較不愉快的用戶體驗，因為它迫使代理商必須維持以太幣帳戶餘額足以支付相應款項，同時引發支付過多、過少或是根本無法交易等諸多擔憂。因此，許多倡議者正在推動消除終端使用者的礦工費，也有一些長鏈競爭對手已經完全取消礦工這個概念。

然而，礦工是防止系統攻擊而產生程式碼無限循環的主要機制，它無法在執行這類惡意程式碼之前就事先識別出來，在電腦科學領域，這道問題被稱為停機問題（halting problem）。假設一輛車啟用自動駕駛模式，在沒有駕駛人在座的情況下馬力全開，汽油就像是扮演限制者的角色：一旦油箱見底，這輛車終究會被迫停下來。同理，礦工費藉由墊高這類天價攻擊成本的手法保護以太坊區塊鏈。由於智能合約提供誘因激勵效率超高的智能合約程式碼，能夠花用比較少的資源同時降低使用者錯誤（user failures）的機率，因此它們有相當高的機會被應用並在市場中取得成功。

開發者希望智能合約平台能夠整合各種應用程式並可以

輕易駕馭，然而平台上的各種智能合約很快就成長到超出開發者預期的程度，最終導致平台採用標準介面，以便容納各種不同形態的功能。在以太坊，這些標準通稱為以太坊徵求意見協定（Ethereum Request for Comments，ERC），它們最廣為人知的一點就是為具備相似行為的各種型態代幣做出定義。ERC-20 就是同質化代幣（fungible token）的標準，為這些效用與功能相同的代幣單位定義出一套介面[2]。它包括諸如轉移單位、批准經營者從用戶餘額中提取一個特定比率花用等作為。另一套 ERC-721 就是非同質化代幣（non-fungible token）的標準，不僅獨一無二，也常被套用在收藏品或諸如點對點借貸的資產。這些標準的好處是應用程式開發者可以為某一套介面編寫程式碼，並支援每一種內植於這套介面的可能代幣。稍後我們將會更詳細討論這些介面。

預言機

　　區塊鏈協定有一個很有趣的問題，就是它們與帳本外的世界互不相通。這句話的意思是，以太坊區塊鏈對於發生在以太坊區塊鏈上的大小事無所不知，但對於離開以太坊區塊鏈的其他事則一概不知，例如標準普爾五百指數（S&P 500）的水準落在哪裡，或美式足球超級盃（Super Bowl）冠軍球隊是哪一支。這個限制被稱為預言機問題（oracle problem），它局限以太坊原生合約和代幣的應用，進而減損智能合約平台的有效性。站在智能合約平台的角度，預言機可以是對區塊鏈呈報外部資訊的任何數據來源。我們如何能夠採取信任最小化的方式，打造一部擁有探討鏈帶以外的資訊權威的預言機呢？許多應用程式都需要一部預言機，而安裝啟用它的過程便將表現出不同程度的中心化。

　　在去中心化金融應用程式中有幾種安裝啟用預言機的方式，其中一種常見的手法是讓應用程式管理自己的預言機，或者是與一座足以取信的平台掛勾，再串接到一部現有的預言機上。一座奠基於以太坊名為 Chainlink[3] 的平台，就是為了解決解決預言機問題而設計的一套數據資料聚合體，Chainlink 白皮書[4] 據此提出一套基於信譽的系統。就去中心化金融超越自身獨立的長鏈以便實現有效性而言，預言機肯定是一道開放性的設計問題與重大挑戰。我們會在後續章節中更深入討論預言機問題。

穩定幣

　　許多加密貨幣的致命缺點就是波動性太大。對只想使用去中心化金融應用程式，卻無法承受以太幣等波動性資產風險的用戶而言，這只會降低他們的使用意願。因此，一批被稱為穩定幣的加密貨幣應運而生。舉例來說，穩定幣會為尋求參與多種去中心化金融應用程式的投資者提供必要的一致性，在價格上試圖與美元或黃金這類指標性資產同步，也容許加密貨幣的原生解決方案退出波動性比較大的加密資產部位。假使指標資產不是區塊鏈下的原生資產，也就是黃金、股票、指數股票型基金（exchange-traded fund，ETF）之類，它們甚至可以用來針對鏈帶以外的資產報酬率提供鏈上保險作用。穩定幣維持限定價格的機制因安裝啟用的方式而異，目前的三大主要機制分別為法定資產擔保、加密擔保與非擔保穩定幣。

　　截至目前為止，規模最大的穩定幣類別是法定資產擔保。這些加密貨幣是受到指標性資產的鏈帶以外的儲備支持，通常它們都是由接受例行審核，以便驗證擔保品存在的一個外部實體或一批實體保管。最龐大的法定資產擔保穩定幣是泰達幣（Tether[5]），又稱為 USDT，值此撰文之際，它的市值大約 620 億美元，躍居僅次於比特幣與以太坊的第三大加密貨幣。泰達幣的交易量也高居所有加密貨幣之冠，但從未受到審核[6]。第二大是 USDC[7]（由 Coinbase 與投資銀行高盛旗下發行穩定幣的子公司流通 [Circle] 聯手開發），它持有的美元定期受到審核。在 Coinbase 的交易所，USDC 不需要任何手續費就能夠以 1:1 與美元相互兌換。由於投資穩定幣的需求商機居高不下，整合 USDT 與 USDC 置入去中心化金融協定是非常受歡迎的做法。然而這些代幣存在一個固有風險[8]，因為它們都被集中控制，而且保有看管黑名單帳戶的權利。

第二大類別穩定幣是加密擔保型，意思是它們受到另一種加密貨幣提供超額擔保的數量支持，它們的價值可以與基礎資產硬性或軟性掛勾在一起，端視機制而定。目前人氣最高的加密擔保穩定幣是 DAI，它是由以太坊上第一套借貸體系 MakerDAO（MakerDAO；原名是 Maker decentralized autonomous organization，即去中心化自治組織造市商[9]）所發

行的貨幣，並受到以太幣以及其他加密資產支持。值此撰文
之際，它的市值約達 50 億美元。DAI 與其他加密貨幣的經濟
機制是軟性掛勾關係，所以要刺激供應才能將它的價值拉升
至 1 美元。我們將會在第六章深入探討 MakerDAO 與 DAI。
另一種受歡迎的加密擔保穩定幣是 sUSD，它通過由以太坊
上的合成資產協定 Synthetix[10] 網路代幣（SNX）交換功能與
美元硬性掛勾，能夠以 1:1 相互兌換。加密擔保型穩定幣具
備去中心化與安全擔保的優點，但缺點是擴充性有限。用戶
必須藉由超額擔保的債務部位支持發行，才能鑄造更多穩定
幣。以 DAI 的情況為例，債務上限就會限制其供應成長。

　　最後一類，或許也是最有意思的穩定幣，就是非擔保
穩定幣。它們不受到任何基礎資產支持，並採用演算法擴充
與供應收縮以便調整價格錨定，因此通常採用鑄幣稅模型。
一旦平台上的需求上漲，代幣持有者就會收到相應增加的供
應；一旦需求消退，價格下跌至一定程度，這些平台便發行
某種形式的債券，在代幣持有者獲取依照自身比率所得的供
應之前，債券持有者有權先獲取未來的擴充供應。中央銀行
與法定貨幣息息相關，而這套機制的運作之道幾乎和它如出
一轍，唯有一點與之相異：這些平台最終的目標是緊盯價格，

而非如央行需考量政府支出或為其他經濟目標提供資金。演算法穩定幣有一個值得注意的早期實例是 Basis[11]，它最終受監管障礙所迫而收攤。當前演算法穩定幣的實例包括用於合約穩定計價的 AMPL（Ampleforth）[12] 與合成資產的 ESD（EmptySetDollar）[13]。非擔保穩定幣的缺點是它們缺乏支持自身代幣交換的內在基礎價值。在景氣收縮期，這種缺點有可能導致「銀行擠兌」，在這種情況下，許多持有者會發現自己持有大量不再符合錨定價格的代幣。

　　想要打造可以有效擴充，也可以在收縮時抗拒崩壞的去中心化穩定幣，眼前尚有許多工作要完成，也有許多監管障礙亟待克服[14]。穩定幣是去中心化金融基礎建設的重要組成要素，因為它們允許用戶無須冒不必要的價格波動風險，就能從應用程式的功能性中獲得好處。

去中心化應用程式

　　如前所述，DApp 是去中心化金融的關鍵要素。DApp 就好比傳統的軟體應用程式，唯一不同的是它們存在於去中心化的智能合約平台。這些應用程式的主要好處就是它們具有免許可與抗審查的特性，任何人都能使用，沒有單一個體可以掌控它們。一個獨立卻相關的概念是去中心化自治組織（decentralized autonomous organization，DAO），其自有一套寫入智能合約的運作規則程式碼，決定誰可以執行什麼作為或升級。對去中心化自治組織來說，擁有某種治理型代幣很常見，它賦予擁有者針對未來結果一定比率的投票權。我們稍後將會更詳細地探討這個議題。

CHAPTER 4

去中心化金融原始協議

交易

　　既然我們已經詳細討論去中心化金融的基礎建設，接下來會說明開發者可以應用、組合，以便打造複雜 DApp 的原始協議，以及每一項可能凌駕集中式競爭對手的優勢。

　　以太坊交易就如同去中心化金融（以及整個以太坊）中不可分割的原子，這些交易涉及從某一處位址寄發數據、以太幣或其他加密貨幣到另一處位址的過程。所有以太坊的互動，包括此處將討論的每一種原始協議，都始自交易。因此，了解交易的運作方式是理解以太坊和去中心化金融不可或缺的環節。

　　以太坊有兩種類型的位址：外部帳戶（externally owned account，EOA）與合約帳戶（contract address）。寄送到外部帳戶的交易只能轉換成以太幣[1]。使用比特幣時，所有位址都是外部帳戶；而在以太坊上，一旦數據被寄發到合約帳戶，就被用來執行那份合約的程式碼，採用合約的交易可能會伴隨支付以太幣的要求。

　　單一筆交易是由外部帳戶的終端用戶發起，但是在結案之前，它可以與許多 DApp 或任何以太坊的智能合約互動。交易始自與單一份合約的互動，期間將會在合約主體範圍內列舉（enumerate）所需交易的所有中間步驟。

　　智能合約中的條款可能會導致交易失敗，使得交易重返原點。不可分割性是交易的一大關鍵特徵，也是參與者能夠安心的保障，因為資金可以在許多合約之間移動（亦即換手），只要其中某一項條件不符所需，合約條款就會重設，資金也會重新回到起點。

　　交易過程中收取的礦工費，其額度高低因交易本身的複雜程度而異。舉例來說，當礦工參與並執行以太幣交易，用來補償礦工費就會相對低廉；而若是需要比較長時間或比較數據密集型的交易就得支付比較高的礦工費。要是交易出於任何原因重返原點，或是礦工費已耗盡，寄發者就會沒收所有使用過的礦工費。這個沒收機制是為了保護礦工，因為如果沒有這層作為防護的規定，礦工將會收不到任何款項，成為大量失敗交易的犧牲品。

礦工費的價格通常由市場決定，同時也是下一顆以太坊區塊置入順序的有效評估。一般來說，更高的礦工費意味著更優先的需求，因此也會獲發順位更前面的置入考量。

關於交易有一個稍稍離題的技術問題：它們都是先被加入一個區塊，然後才被發布到記憶體池（memory pool，也作mempool）中。礦工監控這些被發布的交易，將它們添入自己的記憶體池中，再與其他礦工一同將這項交易置入下一個可用的區塊中。要是這樁交易所提供的礦工費比起記憶體池中的其他交易更沒有競爭力，這樁交易就會被推延到未來的區塊中。

任何參與者都可以直接或是通過與挖礦節點溝通以查看記憶體池中的交易案件，這種可見性甚至允許提前搶先交易（front-running），以及其他有助於礦工從交易活動中獲利的競爭技術。相較於傳統集中式市場，因為所有資訊都是對外公開，這種搶先交易合法無虞。如果礦工看見記憶體池出現一樁交易，他們可以通過親自執行這項交易或搶先交易從中獲利，而且如果他們幸運地贏得這個區塊，就會更願意這麼做。在交易中，任何直接執行的發生都被稱為礦工可提取價值（miner extractable value，MEV），這是工作量證明模式的一項缺失。諸如混淆交易之類的特定策略都會減損礦工可提取價值，進而讓礦工無法從交易中獲利。

同質化代幣

　　同質化代幣是以太坊和去中心化金融價值主張的基石。任何以太坊開發者都能打造一顆可以整除到某個十進位大小，而且單位完全相同又能互相交換的代幣。舉例來說，美元是同質化資產，因為一張 100 美元紙鈔相當於一百張 1 美元紙鈔。正如我們在第三章所述，以太坊區塊鏈代幣介面是 ERC-20[2]。從應用程式開發者的角度來看，介面是最低要求的所需功能性組合。當代幣在 ERC-20 介面執行，一般來說，任何應用程式處理被定義的功能性時都可以立即無縫與代幣整合。應用程式開發者採用 ERC-20 與相似的介面時，都可以很有自信地支援尚不存在的代幣。

　　ERC-20 介面定義以下核心功能：

- 總供給量：讀取代幣的總供給量
- 餘額（數量）：讀取特定帳戶的代幣餘額
- 轉帳（收受方位址、數量）：從交易發送方寄出「數量」代幣到「收受方位址」

- 啟動轉帳（發送方位址、收受方位址、數量）：從持有代幣餘額的「發送方位址」寄出「數量」代幣到「收受方位址」
- 核准（支付方、數量）：允許「支付方」代表帳戶所有者花費「數量」代幣
- 配額（所有者位址、支付方位址）：回傳「支付方位址」可以代表「所有者位址」花費的代幣數量

　　合約將會拒絕執行餘額不足或未經授權支出的轉帳。前面四種功能，亦即讀取供給量、餘額與寄出代幣，都是直覺操作、合乎預期；後面兩種功能，亦即核准與配額，對於理解 ERC-20 介面至關重要。少了這些功能，用戶將受到限制，就只能直接從帳戶轉出或轉入代幣。有了核准的功能性，合約或可信帳戶就可以被列入白名單，無需直接持有代幣餘額便能充當用戶代幣的託管人。這一步擴大可能的應用範圍，因為用戶得先保留完全的託管權，才能成為被核准的支付方，進而執行交易。

　　ERC-20 代幣分為三大主要類別，但代幣可以同時存在一種以上的類別中。

⚙ 資產型代幣

　　請不要將資產型代幣與傳統金融意涵的證券或股票搞混，它是代表基礎資產或資產池的所有權，單位必須是同質化，這樣一來每一單元就能對應池中的相同等分。舉例來說，假設一個名為 TKN 的代幣總固定供給量為 1 萬單位，可對應智能合約中以太幣池所持有的 100 單位以太幣。依智能合約規定，每收到 1 單位 TKN，就要依照一定比例的數量回傳以太幣，固定兌換比率是 100 單位 TKN 兌換 1 單位以太幣。我們可以延展這個實例，這樣一來這座池就具有可變數量的以太幣。假設每年某種機制讓這座池中的以太幣增加 5%，如今 100 單位 TKN 就會代表 1 單位以太幣外加 5% 永久使用權的以太幣現金流。市場可以採用這項資訊準確定價 TKN 的價值。

　　就實際的資產型代幣來說，資產池可能涵蓋更繁複的技術性層面，遠超越靜態池或固定的成長率，可能性僅會受限於可以編寫程式碼載入智能合約的內容。我們將在第六章進一步檢視具有變動利率技術性層面的合約（即去中心化借貸協定代幣 Compound），與擁有具備繁複費用結構的多元資產池的合約（即 Uniswap），也會解釋 Set Protocol，它定義打造可持有靜態或動態資產型代幣的標準介面。

⚙ 功能型代幣

　　功能型代幣從很多方面都來說是百寶袋，雖說它們也具有一個明確定義：使用智能合約系統的某些功能，或是具備各份智能合約系統定義的內在價值主張所需的同質化代幣。在許多情況下，功能型代幣推動一整套系統的經濟，而開發者會刻意創造稀缺性或誘因。在某些情況下，以太幣雖然可以替換使用，但普遍來說功能型代幣允許系統自然累積，同時保持與以太坊脫鉤的經濟價值。舉例來說，一套供給端會隨著演算法變化的系統將會需要一種獨特的功能型代幣。稍後將會更深入探討其技術性層面。

　　功能型代幣可以當作擔保品使用（例如 Synths）、當作聲譽或權益的占位符（placeholder）使用（例如 REP、

LINK）、相對基礎或錨定代幣當作保持穩定價值使用（例如 DAI、Synthetix 的代幣 Synths），也用來支付特定應用程式的費用（例如 ZRX、DAI 與 LINK），包括所有的穩定幣，無論是屬於法定、加密擔保或是演算法類型。以 USDC 這種法定資產擔保穩定幣為例，它是自主運行的功能型代幣，無需任何額外的智能合約基礎建設支持它的價值。USDC 的價值源於一票在背後撐腰的企業承諾兌現美元，Coinbase 也是其中一員。

功能型代幣存在的可能性遠遠超過我們在此約略提到的少數幾類，隨著新的經濟與技術機制崛起，它也仍有許多創新增長的空間。

治理型代幣

治理型和資產型代幣都代表所有權比率：資產型意指資產占比，治理型則是指投票權。我們先從推動所有者有權投票變更的類型說起。

許多智能合約都內嵌諸多規定系統可以如何變更的條

款，舉例來說，獲准的變更內容包括調整參數、增添全新元件或甚至更改現有元件的功能。考慮到用戶參與互動的合約可能明天就不一樣，系統的變更能力便是一個強大的判斷標準。在某些情況下，唯有先為自己編寫特殊權限程式碼的開發者管理員才能掌控各種針對平台的變更。

任何由管理員集中掌控功能性的平台，都不能算是貨真價實的去中心化金融。然而，缺少變更能力的合約必然僵固難用，無法適應程式碼內部錯誤或日新月異的經濟或技術條件。為此，許多努力爭取去中心化的平台往往會交由治理型代幣進行調解。

治理型代幣的所有者將擁有按照比例投票的權利，進而推展這座平台的智能合約所允許的任何變更。我們將在第五章介紹投票機制與去中心化自治組織。

治理型代幣可以經由許多方式安裝啟用，諸如靜態、通膨式或甚至通縮式供給。靜態供給的意思是：買入的代幣將會直接對應一個特定比率的投票掌控權。MakerDAO 的 MKR 代幣當前的安裝啟用方式就是一般的靜態供給。我們將在第六章進一步探討 MakerDAO 與安裝啟用方式。

　　許多平台會藉由通膨式做法發行治理型代幣，這些機制會獎勵採用平台特定功能的使用者，並確保代幣會直接配發給它們。舉例來說，Compound 自家的代幣 COMP 就採取通膨式做法（請參見第六章）。通縮式手段則將治理型代幣也當作功能型代幣使用，以便支付平台費用，最終代幣會從供給端銷毀（burn）或移除，而非流向特定實體。MakerDAO 過去使用的 MKR 代幣就是以這種方式在舊版的平台上被銷毀。

非同質化代幣

顧名思義，非同質化代幣（NFT）的單位不能等同其他代幣的單位。

⚙️ 非同質化代幣標準

在以太坊上，非同質性由 ERC-721[3] 標準定義。它就像 ERC-20，只不過不是所有身分帳號都儲存在單一筆餘額中，而是每一個單元都有自己獨一無二的身分帳號，可以用來連結額外的後設資料（metadata），這讓它與其他源自同一份合約的代幣區隔開來。在餘額（位址）狀態下，這個位址擁有的特定合約非同質化代幣總數將會被送回。還有一種做法是所有者（身分帳號），經由身分帳號引導，返回特定代幣所有者的位址。另一個重要區別是 ERC-20 允許執行者代幣餘額的部分核准權，ERC-721 卻是採用全有或全無的做法，獲准採用非同質化代幣的執行者可以移動其中任何一種。

　　非同質化代幣在去中心化金融中有些非常有趣的應用方式。它們又被稱為收據，暗示它們的使用情境正代表單一資產獨一無二的擁有權；舉例來說可能是自定利率和條款的特定點對點借貸業務，資產隨後可能借道 ERC-721 被轉移並出售。另一種使用情境有可能是代表樂透彩的一個環節，在此彩票可能被認定非同質化，因為只有一張或是少數幾張將會中獎，其餘則是毫無價值。在收藏品橋接金融與非金融使用情境的層面，非同質化代幣也可見到強力的使用情境，舉例來說，一顆代幣可以代表一項藝術品、一支影音影片、一首音樂或甚至一則推文的所有權。在競賽式環境或其他網路中，非同質化代幣還可以代表稀缺性品項，並在二級市場為非同質化代幣保有經濟價值。

多代幣標準

　　ERC-20 和 ERC-721 代幣需要個別合約與位址才能部署到區塊鏈上，對具有許多密切相關代幣的系統而言，這可能是麻煩事，因為這些代幣有可能甚至是同質化與非同質化的組合。ERC -1155[4] 標準藉由定義多代幣模式解決這個難題，在此，合約持有可變數量的餘額，其中包括同質化與非同質化代幣。這套標準也允許批次讀取與轉移，進而節省礦工費並帶來更流暢的用戶體驗。執行者在 ERC -1155 與相似的 ERC-721 之下，獲准以二進位制的全有或全無方式使用所有受到支援的代幣。

託管

有一個關鍵的去中心化金融協議，就是直接在智能合約中行使第三方保管（escrow）或託管（custody）資金的能力。這與 ERC-20 執行者獲准轉移用戶餘額的情況不同，在 ERC-20 的情況下，用戶依舊保有資金的託管權限，任何時候都可以轉移餘額或撤銷合約的批准結果。一旦智能合約完全託管資金，就會展現提供全新能力（以及額外協議）的可能性，包括：

- 保留費用並發放誘因
- 促進代幣交換
- 聯合曲線（bonding curve）的造市行動
- 擔保貸款
- 拍賣
- 保險基金

為了有效託管代幣，合約必須包含能夠處理相應類型介面的程式碼，對同質化代幣來說是 ERC-20，而對非同質化代幣則是 ERC-721。一般來說，合約可以處理某一介面或特定子集合中的所有代幣。當代幣被發送到合約中時，它可能會因為合約沒有釋出代幣資金的編碼機制而被永久保管。為了解決這個潛藏問題，安全檢查步驟通常會被內嵌在代幣傳輸中，以便驗證合約中是否有註記支援。

供給調整

供給調整特別適用於同質化代幣以及通過智能合約創造（鑄造）並減少（銷毀）供給的能力。接下來我們將探索這些基本協議，以及一套名為聯合曲線的更繁複系統。

銷毀：減少供給

銷毀意味著將代幣排除在流通之外，可以採取以下兩種方式完成：（1）手動將代幣寄發到一個無主的以太坊位址，或是（2）更有效率的做法是產出一份不能花用這枚代幣的合約。這兩種手法都可以讓被銷毀的代幣無法使用，但代幣合約本身並不會「知道」流通供給量減少。銷毀類似傳統金融領域中貨幣遭到破壞或是不可逆的損失，就像是破損的紙幣會被銷毀並以新印製的貨幣替換。就實務上而言，以太幣或 ERC-20 代幣經常不小心通過這兩種形式被銷毀，可以透過檢查總和位址（checksumming address）[5] 與登記合約（registering contract）[6] 是否已經準備就定位來防止這種情況發生。

　　更常見、有用的做法是刻意將銷毀代幣置入智能合約設計中。以下是一個設計演算法銷毀代幣的使用情境：

- 退出資產池並贖回基礎資產（常見於資產型代幣，好比 cTokens。這部分將在第六章討論）
- 提升稀有性以便推高價格（好比出現在第六章的平台 Aave；諸如 Basis/ESD 的鑄幣稅穩定幣模型）
- 懲罰不良行為

⚙️ 鑄造：增加供給

　　銷毀的反面就是鑄造，指的是增加流通中的代幣數量。鑄造與銷毀相反，沒有什麼意外或手動鑄造代幣的機制。任何鑄幣技術都必須直接在智能合約機制中編寫程式碼。鑄造的使用情境五花八門，因為它可以為更廣泛的用戶行為提供誘因。以下是幾個實例：

- 代表進入資產池並獲取相應的所有權比重（常見於資產型代幣，好比 cTokens）

- 減少稀缺性（增加供給）以便推動價格下跌（諸如 Basis/ESD 的鑄幣稅穩定幣模型）
- 獎勵用戶行為

　　增加供給（通膨式獎勵）以獎勵用戶行為，諸如鼓勵供給流動性或採用特定平台的舉措，已經變成一種常見的操作方式。必然後果是，許多用戶參與流動性挖礦（yield farming）、採取行動尋求最高額的可能獎勵。平台發行具有附加價值主張的代幣，就能靠自己的網路自力更生。用戶則可保留代幣並部署在網路情境中，或是賣出獲利。無論是哪一種做法，在平台上使用代幣通常都會增強活動。

⚙ 聯合曲線：定價供給

　　根據合約上下調整供給定義，所謂的聯合曲線就是代幣供給量與用於購買代幣的相應資產之間的價格關係。在多數執行過程中，投資者採用與曲線同樣的價格關係回售，這種關係被定義成一個數學函數或是附帶好些條款的演算法。

　　讓我們以 TKN 代幣表示以太幣計價的代幣價格（意指

任何同質化的加密資產），同時以 S 代表供給，以便詳細說明。最簡單可能的聯合曲線將是 TKN=1（或是任何常數）。TKN 擁有以太幣的恆定比率支持，這種關係強制 TKN 錨定以太幣的價格。下一層級的聯合曲線可能是簡單的線性聯合曲線，m 與 b 分別代表斜率與截距，在標準線性函數 Price(TKN) = $mS + b$ 中，如果 $m=1$、$b=0$，第一顆 TKN 將花 1 枚以太幣、第二顆 TKN 花 2 枚以太幣，依此類推。單調遞增的聯合曲線是在獎勵早期投資者，因為任何超出自身購買價的增量需求都將讓他們可以根據曲線以更高的價格回售。（請參見附圖 4.1）

　　聯合曲線的技術相對簡單易懂。曲線可以採用附帶買入與售出基礎代幣選項的單一智能合約呈現。用以出售的代幣若非是帶有獲得授權鑄幣的聯合曲線，因此供給無上限，就是已經預定最大供給量並且暫時託管在聯合曲線合約中。當用戶買入代幣，聯合曲線就暫時託管流入的資金，以便未來某個時間點他們可以根據曲線賣回。

　　對決定用戶表現而言，聯合曲線的成長率很重要。要是代幣成長至充裕的龐大供給量，線性成長率就會慷慨地獎

勵早期用戶。超線性成長率甚至可能會產出更極端的報酬率
（請參見附圖 4.2），好比 TKN 等於 S^2 時。第一顆 TKN 將
花費 1 單位以太幣，但第 100 顆得花 1 萬單位以太幣。就實
務而言，多數專案將會採用聚合帶有上限價格的次線性成長
率或邏輯函數（請參見附圖 4.3）。

聯合曲線可能對買家和賣家呈現不同的價格曲線（請參
見附圖 4.4），賣出曲線的成長率比買家曲線低垂或是截距
比較短。

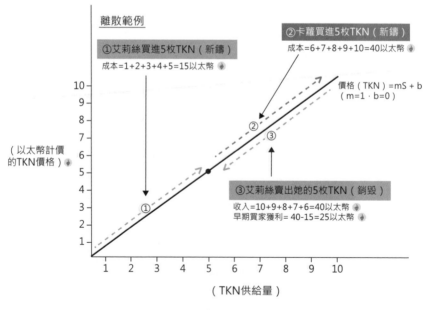

圖 4.1 線性聯合曲線

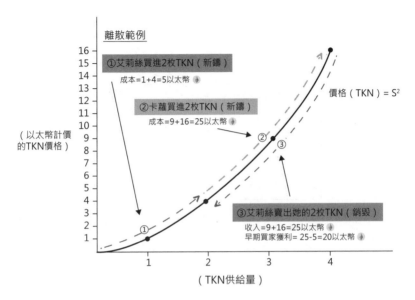

圖 **4.2**　超線性聯合曲線

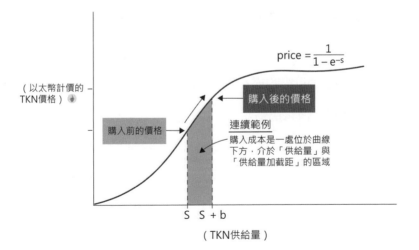

圖 **4.3**　邏輯／S 字形聯合曲線

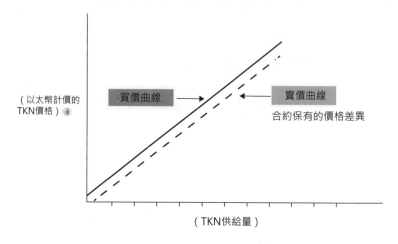

圖 4.4　買價與賣價的聯合曲線不一樣

　　以上述案例中的以太幣為例，曲線之間的價格差異將是智能合約自然增生的價值，可以代表使用費，或是用來為系統內部更多的繁複功能提供資金。只要合約保持足以適用在整條賣出曲線回售的充裕擔保品，合約就可以被資本化，而且能夠滿足任何賣出需求。

誘因

　　包括去中心化金融在內，在加密經濟體系中，用於鼓勵備受期望（正向激勵）、勸退不受期望（負向激勵）的用戶行為的誘因（incentive）極度重要。誘因這個詞彙的含意包山包海，在此我們縮小討論範圍，僅限直接代幣支付或費用。我們將檢視兩大不同類別的誘因：（1）權益質押誘因（staked incentive），適用於託管於智能合約的代幣餘額；與（2）直接誘因，適用於體系內沒有託管餘額的用戶。

　　合約機制會決定任何獎勵資金的來源與費用的目的地。獎勵資金的發行可以通過通膨或鑄幣，也可以交付智能合約託管，被當作費用移除的資金有可能會被銷毀，或是保留託管在智能合約中。獎勵資金可以當作直接誘因，發給平台的參與者，或是藉由拍賣籌措以便償還債務。一套機制可能策動一次銷毀，進而減少特定代幣供給，並推升價格壓力。

⚙ 權益質押獎勵

權益質押獎勵是一種正向誘因，依據用戶為系統貢獻的資金數量，他們的代幣餘額就可以收到一筆紅利。客製化選項包括按照比率對所有的質押權益餘額應用一個最低門檻值，若非固定額度就是依照比率支付，還有就是與質押的代幣相同或不同的代幣。

我們將在第六章探討 Compound 協定，它對那些在借款或放款部位託管的用戶餘額發出權益質押獎勵。這些獎勵是以受到託管的 COMP 這種獨立的代幣支付，它有固定供給量，而且按照比率應用於所有權益質押餘額。Synthetix 協定對受到資助的 SNX 代幣發放權益質押獎勵，它的協定代幣無限量供給，獎勵是以 SNX 代幣支付，由通膨提供資金，唯有在用戶達到最低值擔保品比率門檻才會發放。

⚙ 罰沒（權益質押懲罰）

罰沒（Slashing）是消除用戶一部分的權益質押餘額，進而創造負向的權益質押誘因，肇因於發生某一樁不樂見的事件。罰沒條件是一套觸發罰沒行為的機制，可以客製化，像是通過部分或完全消除資金、擔保不足因而觸發清算、可偵測的惡意用戶行為，以及因市場條件變化觸發必要的收縮。

在即將展開的擔保品借貸討論中，我們將闡述清算的常見罰沒機制，在此，潛在的代理人接到誘因，會藉由拍賣或直接出售的方式卸載擔保品，任何剩餘的資金則歸還所有者。一個歸因於市場變化、與債務無關的罰沒實例是演算法穩定幣，一旦價格貶值，這套系統可能直接減少用戶的代幣餘額，以便返還好比是 1 美元加權供給的價格。

⚙️ 直接獎勵和保管人

直接獎勵是正向誘因，包含與用戶行動相關的付款或費用。正如我們稍早所述，所有以太坊平台上的互動都始自交易，所有交易都始自外部擁有帳戶。無論外部擁有帳戶是由個人用戶或鏈帶之外的機器人掌控，重要的是它本身不在鏈帶上，因此自主回應市場的條件不是非常高昂（得花礦工費），就是技術上辦不到。結果是，只要沒有人刻意在以太坊平台上採取行動就不會有交易自動發生。

　　一個經典範例是當擔保債務部位變成擔保不足時，必須採取行動才能交易。這個使用情境不會自動觸發清算，必須由外部擁有帳戶觸發，一般來說會先收到正向誘因才這麼做。接著，智能合約便會評估條件，若是每一點都符合預期，就會清算或更新。

　　保管人（keeper）是一種典型的外部擁有帳戶，在去中心化金融協定或其他 DApp 上受到激勵後才會收取固定或一定比率費用，並執行某項行動。因此，自動監控能夠外包給鏈帶之外的對象，並創造出強大的經濟與全新的獲利機會。保管人獎勵也可能被建構成一項拍賣活動，以確保競爭性與最優價格。保管人拍賣活動十分競爭，因為系統內可用的資訊幾乎完全公開。對保管人來說，直接獎勵的副作用便是由於競爭太過激烈，礦工費有可能因此上漲。也就是說，當更多保管人主動產生額外的交易需求，便會反過來推高礦工費。

⚙ 費用

　　一般來說，費用是系統或平台功能的資助機制，可以是固定或基於比率計算，取決於所需的誘因。費用可以當作直接的負向誘因徵收，也可以藉由權益質押餘額自然增生。自然增生的費用必須有一筆相關的權益質押餘額，以確保用戶拿得出錢來。由於以太坊帳戶與生俱來的匿名性，亦即所有以太坊用戶的公開資訊僅止於他們的錢包，以及他們與以太坊平台上不同合約的互動，因此收取費用是設計過程的一大挑戰。如果智能合約開放給任何以太坊帳戶，擔保強制性的唯一方式便是所有債務都必須獲得受到鏈帶上權益質押的擔保品所支持，而且鏈帶必須透明公開。這個匿名性所帶來的挑戰，讓諸如聲譽等其他機制與權益質押餘額相比之下顯得不可靠[7]。

交換

交換（swap）就只是將某一種類型的代幣換成另一種，在去中心化金融中交換的關鍵好處是它像原子一樣基本而且不受託管所限。資金可以被託管在一份帶有提領權的智能合約中，完成交換步驟之前的任何時候都能執行，僅在所有相關者同意並達成交換條件後交由智能合約強制執行，這時交換才會啟動。要是任何條件不符，整起交易就會被取消，所有相關者都能保留被託管的資金。一座促進代幣在以太坊上採取不受託管方式交換的平台就是去中心化交易所（decentraliaed exchange, DEX）。它的流動性有兩大主要機制：訂單簿撮合（order-book Matching）與和自動造市商（Automated Market Maker；AMM）。

⚙ 訂單簿撮合

訂單簿撮合是一套所有參與者都必須同意交換匯率的系統。造市商可以對去中心化交易所貼出標案並詢價，允許有意競標的買家根據之前商定的價格填寫報價。造市商保留一旦市場條件變化便可取消報價或更新匯率的權利,直到報價被接受為止。

訂單簿撮合又貴又沒效率,因為每一次更新都需要連結鏈帶完成一樁交易。訂單簿撮合有一個無法逾越的沒效率天險,那就是兩造都必須樂意而且能夠採取商定的匯率進行買賣,交易才能執行。對許多智能合約應用來說,這項要求產生許多限制,因為交易流動性的需求不能取決於交易對手的可用程度。有一種創新的替代選項就是自動造市商。

⚙️ 自動造市商

自動造市商是一份智能合約,它持有買賣兩造的資產,而且持續呈報買進與賣出價格。這份合約基於執行買入與賣出規定,會更新標案背後的資產規模與詢價,並採用這個比率定義它自身的定價函數。這份合約確定價格時,也可以說明比起標案及詢價更繁複的數據。從這份合約的視角來看,價格應該算是風險中立(risk-neutral),與買賣無關。

　　一套原生的自動造市商或許會在兩種資產之間設置固定的價值比率。在這個固定價格比率之下，一旦資產之間的市場價格生變，比較珍貴的資產就會從自動造市商流出，改赴另一個以市場價格買賣的交易所套利。自動造市商應該具備可以聚斂出一個資產市場價格的定價函數，也就是說，隨著某一樣資產對比合約中其他資產的比率降低，定價函數讓買家向交易對手購買資產時需花費更高成本。

　　自動造市商的主要好處就是唾手可得，而且不需傳統的交易對手才能執行交易，對智能合約與去中心化金融發展來說這些規定至關重要，因為它擔保用戶在任何有必要時都可以交換資產。由於用戶資金都保持在託管狀態，直到交易完成為止，因此交易對手風險是零。額外好處就是可組合的流動性（composable liquidity），意思是，任何交換合約都可以插入其他交換合約附有的流動性和匯率。自動造市商讓這一步格外容易，因為它們具備已經擔保的可用性，也允許根據合約進行單邊交易。可組合的流動性適切地與去中心化金融樂高（DeFi Lego）的概念密切相關。這部分我們將在稍後討論。

　　自動造市商的一個缺陷是無常損失：介於提供資產以利交換，以及持有基礎資產以期可能從價格變動中獲利，兩者之間的機會成本動態變化。損失僅是一時，因為如果價格反轉到原始水位就可以回補。為了闡述這一點，請試想 A、B 兩種資產，如附圖 4.5 所示，每一種起始價值都是 1 單位以太幣。自動造市商合約持有兩種資產相同數量的 100 單位，系統也提供原始 1:1 的固定匯率。我們採用以太幣當作記帳單位，以便追蹤合約持有資產的報酬率以及任何的無常損失。在既定的餘額和市場匯率下，合約託管 200 單位以太幣。假設 B 資產的價格在更廣大的市場中升值至 4 單位以太幣，而 A 資產的價格升值至 2 單位以太幣。套利者會將合約中所有 B 資產交換成 A 資產，因為 B 資產價值更高。之後合約持有 200 單位、價值高達 400 單位以太幣的 A 資產。在這種情況下，合約報酬率是 100%。

　　然而，如果合約沒有賣出 B 資產，那麼合約價值將是 600 單位以太幣。合約有一筆 200 單位以太幣的無常損失，也就是 600 單位以太幣與 400 單位以太幣之間的差額。不過，如果合約持有的資產恢復到 A、B 資產之間的平價，這筆無常損失便會消失。要是合約所持有的流動性目標是獲利，任何被收取的費用都必須超過這筆無常損失的總額。

　　任何價格與流動性異動都會造成無常損失，因為合約是建構在賣出升值資產、買進貶值資產的規則上。無常損失的一大重要特徵便是路徑獨立性。就以我們的範例來說，交易者花掉的所有流動性是 1 或 100 其實無關緊要，無論交易數量或交易傾向哪一方，最終匯率與合約資產比率都會產生相同的無常損失。正是出於路徑獨立性，具有相關價格均數回歸（Mean-Reverting）配對的交易雙方所蒙受的無常損失得以最小化。因此，對自動造市商來說，穩定幣交易配對格外有吸引力。

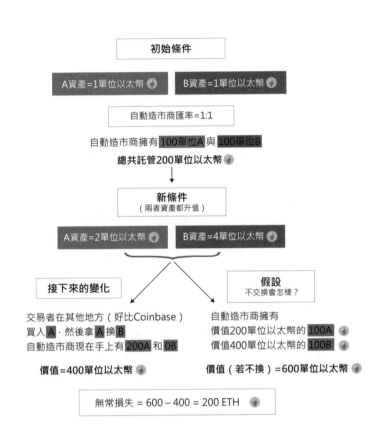

圖 4.5　自動造市商的技術原理

擔保貸款

在去中心化金融與更一般來說的傳統金融業中，債務與放款或許是最重要的金融機制。一方面，這些機制是有效配置資本的強力工具，提高隱含報酬的暴險並擴大經濟成長；另一方面，系統中舉債過高有可能導致不穩定，引發大規模經濟與市場緊縮。在去中心化金融中，這些好處與風險都會被放大，所有交易對手共享一處既對抗也整合的環境。平台之間互相依存的關係日益增長，當系統中某一處環節債務驅動崩壞，就有可能迅速污染所有相連的協定，並且向外擴展。

任何存續期間非零的貸款（例如閃電貸 [flash loan]）必須有等值或超額的擔保品所支持，在合約中明文要求抵押品可以預防交易對手違約。無擔保品機制會提高交易對手可能竊取資金的風險，尤其是置身以太坊這類開放、匿名系統中更是如此。超額擔保部位的風險在於擔保品的價值低於債務本身，在欠缺贖回選項的情況下無法收回，因此，波動性比較大的擔保品類型需要更高的擔保比率以減緩風險。

　　接下來，我們將深入解釋前面已經提過的清算機制。為了避免債務遭清算，維持額度足夠龐大的超額擔保有其必要性，這樣一來，適度的價格波動才不會置擔保品價值於危險境地中。智能合約中經常會看到一個擔保品可以被清算並關閉部位的最低擔保門檻定義，擔保品可以採用市場價格被拍賣或是直接放在自動造市商這類的去中心化交易所出售。

　　如前所述，以太坊區塊鏈上的部位無法被自動清算，所以祭出誘因有其必要，而且往往會採取一定比率費用的形式分配給外部保管者，讓他可以清算部位並收取獎勵。任何剩餘的擔保品都會保留給這個部位的原始持有者。就某些情況來說，這套系統會將所有的剩餘擔保品當作更強烈的誘因留給保管人。因為清算的罰款很高，多數擔保品類型卻又容易波動，平台通常會允許用戶加值他們的擔保品，以便維持健康的擔保比率。

　　擔保貸款與代幣供給調整有一個很有趣的關係，那就是擔保品可以支持合成代幣的價值。合成代幣是一種債務所創造、資助的資產，需要償還合成代幣才能收回擔保品。合成代幣可能具備一套效能機制，或代表一種繁複的金融衍生性商品，諸如選擇權或債券（例如 Synthetix 的 Synths 與 Yield 的 yToken）。追蹤某一種基礎資產價格的穩定幣也可能是這種類型的合成代幣（例如 MakerDAO 的 DAI）。

閃電貸（無擔保貸款）

有一種只存在於去中心化金融的金融協議，極戲劇化地拓寬某些類型的金融獲取性，那就是閃電貸（又稱無擔保 [uncollateralized] 貸款）。在傳統金融業中，借貸是一種工具，它被設計用來有效率地配置從某人或實體手中取得的過剩資本，其中一方希望可以利用它（即放款方）借給需要資本以便為某項計畫融資或花用的某人或實體（即借款方）。放款方會因為提供資金並承擔違約風險而收到補償，這個補償通常是來自貸款期限內收取的利息。貸款期限越長，利率通常就越高，因為還款時間越長，放款人遭遇借款人可能違約的風險就越大。

倒置這個概念將會得出一個結論，即短期借貸應該風險比較小，因此放款人需要的補償比較少。閃電貸是在同一筆交易中還款的即時貸款，它類似傳統金融業的隔夜貸款業務，但兩者有一個關鍵差別：需要在交易內還款，而且將會交由智能合約強制執行。

　　要理解閃電貸的運作方式，透徹理解以太坊交易很重要。交易中有一個條款至關重要：如果交易結束時未能依照規定的利息償還貸款，整起交易過程將返回任何資金離開放款方帳戶之前的狀態。換句話說，若非用戶成功將貸款用於所需的使用情境，並在交易內完全償還貸款，就是交易失敗，一切將重新設定成如同用戶未曾借過任何資金一樣。

　　本質上，閃電貸具備零交易對手風險或存續期限風險，然而，永遠都可能有智能合約風險（也就是說，合約設計本身就帶有缺陷；請參見第七章）。閃電貸允許用戶利用套利機會或是在不質押擔保品的情況下為貸款再融資，這允許置身這個圈子的任何人都可以獲取一般來說需要天價資本才能投資的機會。也許未來我們還會看到更多不可能存在於傳統金融世界的創新。

CHAPTER 5

去中心化金融解決的問題

效率低落

　　傳統金融業五大弊端的第一名就是效率低落。去中心化金融可以處理附帶大量資產、低摩擦的金融交易，它們通常是傳統金業沉重的組織負擔。它的實踐之道是創造 DApps：可重複使用的智能合約，設計宗旨在執行特定的金融操作，而且開放給任何尋求此類服務的用戶，舉例來說，無論交易規模大小都能執行賣權（put option）。用戶多半可以在智能合約和應用程式所在區塊鏈的參數範圍內自行操作，就拿以太坊打底的去中心化金融為例，任何人只要支付固定的礦工費就可以使用合約，目前轉帳費用收取 3 美元，應用諸如槓桿擔保品的 DApp 功能則是 12 美元。一旦這些合約部署完畢，就能持續以接近零的組織費用提供服務。

⚙ 保管人

　　保管人是直接受到激勵的外部玩家，職責是為去中心化金融協定提供服務，好比監控部位以便確保它們具有足夠的擔保能力，或是觸發各種功能的狀態更新。保管人為確保某支 DApp 的好處與服務可以拿到最優定價，給保管人的獎勵通常會架構成拍賣的形式。通過確保用戶為自己所需服務支付市場價格，這種純粹、開放的競爭方式會為中心化金融平台提供價值。

⚙ 分叉

另一個也會帶來激勵提高效率的概念就是分叉（fork）。在開源程式碼的情境中，當帶有更新或強化指令的程式碼被複製、重複置入時，分叉就會發生。區塊鏈協定中常見的分叉是在它們被兩種平行貨幣與鏈帶引用時形成，這麼做會在協定層面創造競爭，並因此打造出最出色的智能合約平台。不只是整串以太坊區塊鏈上的程式碼對外公開、可分叉，每一支以太坊打底的去中心化金融 DApp 亦然。分叉與它的好處源於去中心化金融和區塊鏈與生俱來的開放性，效率低落或表現次優的去中心化金融應用程式，也可以通過分叉輕易地複製、改進並重新部署程式碼。

分叉為去中心化金融平台帶來一個有趣的挑戰，亦即吸血主義（vampirism），它是精確或接近精確的去中心化金融平台複製品，設計宗旨是通過提供比自己複製的這座平台更強烈的誘因，好從這裡偷偷搶走流動性或用戶。用戶可能會在功能性相當的前提下被更高的潛在回報所吸引，這將會導致最初這座平台的使用程度與流動性降低。

假設通膨獎勵有瑕疵，再加上平台複製品長期被使用，可能導致資產泡沫吹大之後崩壞，或是使用者選擇比較接近最優化的模式取代原始平台。吸血主義不是與生俱來的風險或缺陷，更像是源於去中心化金融純粹的競爭和開放性的複雜化因素，使用者篩選的過程最終將催生帶有最優化效率的更強大金融基礎建設。

有限獲取

隨著智能合約平台轉向規模更具可擴充性的安裝啟用方式，用戶摩擦減少，獲得賦能的用戶更多，去中心化金融因而能減輕傳統金融業的第二大缺陷：有限獲取。去中心化金融提供一大票無法接受完備服務的群體直接獲取金融服務的機會，好比全球所有無法申請銀行帳戶的人口，以及雇用大量勞動人口的小企業（以美國境內為例，比例高達幾近50%），將會對整體全球經濟產生積極正面的影響。過去即使消費者擁有獲取傳統金融服務的機會，好比開立帳戶、申辦房貸以及信用卡，也都無法以最具競爭力的定價與最優惠的條款獲得產品，因為這些機會僅限於大型機構。然而在去中心化金融中，無論所有用戶的財富水位或地理位置，他們可以獲取完整的金融基礎建設。

⚙️ 流動性挖礦

流動性挖礦為許多需要金融服務但傳統金融業棄之不顧

的客戶開啟另一條管道。它提供權益質押資本或是採用協定
的用戶通膨獎勵或合約資助的獎勵，而且這些之後都可以改
成用戶自身持有的相同或不同基礎資產支付，好比治理型代
幣。任何用戶都可以參與流動性挖礦，權益質押任何規模的
金額都無妨，無論質押金額多小都會收到一筆符合比例原則
的獎勵，這種能力在治理型代幣的情境中特別強大。某一項
協定的用戶通過流動性挖礦發行一種治理型代幣，並因為這
枚對外發行的代幣搖身一變成為這座平台一部分擁有者，在
傳統金融業中這種事態發展很罕見，但在去中心化金融中，
提供親自使用並從中獲得好處的眾人一座平台的擁有權卻是
很常見、備受讚譽的方式。

⚙️ 首次去中心化金融發行 （Initial DeFi Offering，IDO）*

　　流動性挖礦會帶出一種有趣的結果，那就是用戶可以藉
由造市手法，創造自有的 Uniswap 交易配對，進而打造一場
首次去中心化金融發行，並可以藉由這組配對的頭號流動性
提供者之姿設定初始匯率。假設用戶的代幣名為 DFT，完整
供給量是 200 萬單位。他們可以設定每一單位 DFT 價值 0.1

美元，拿出 100 萬單位 DFT 與 10 萬美元打開市場，任何 ERC-20 代幣的持有者都可以購入 DFT，這樣便會推升價格。這位用戶身為唯一的流動性提供者，也會收取所有的交易費用。在這種方式之下，他們可以讓自己的代幣立即接觸到盡可能大量的用戶。如果用戶在供給 Uniswap 市場的總量之外尚且掌控額外的供給量，這套做法就會為代幣制定一道人為的價格下限，如此一來就會抑制價格發現。IDO 的這種取捨之道應該是經過權衡考量，進而形成用戶代幣分配的一道選項或策略。

IDO 以兩種民主化的方式運行去中心化金融之道。首先，IDO 允許專案在流量很高，卻未曾設立初始資本進入障礙的去中心化金融交易所上市。其次，IDO 允許用戶在專案一上市就立即獲取最優質的全新專案。

---

* 編按：IDO 也有另一種解釋，即首次透過去中心化交易所發行（Initial DEX Offerings）。

不透明

傳統金融業的第三大缺陷是不透明，去中心化金融則通過共識的公開、合約精神，優雅地解決這道問題。我們將深入探索，智能合約與代幣化如何在去中心化金融領域中提升透明度。

⚙️ 智能合約

就透明度來說，智能合約提供立即可見的好處。各方都明瞭自身交易對手的資本化情況，並得以在需要的範圍內看清資金將如何部署。他們可以各自閱讀合約、同意所有條款，然後消除任何歧見。這種透明度很大程度減輕法律負擔的威脅，也讓小型參與者安心，他們在當前的傳統金融環境中可能被背景強硬的交易對手霸凌，後者會祭出延遲或甚至完全扣留自家那一端金融合約的招數。實際上，即使一般消費者根本不懂合約程式碼，還是可以倚賴平台與生俱來的開源特性、程式碼稽核的存在和群眾智慧，進而獲得安全感。整體而言，去中心化金融減輕交易對手風險，並因此創造傳統金融無一具備的許多效率。

去中心化金融參與者有責任依循自己使用的合約條款行事。有一個用以確保合宜行為的機制，那就是權益質押，意思是，加密資產被放在合約中託管，唯有在條款執行完畢或是返還原始持有者手中，才會釋出歸於適當的交易對手。所有提出任何聲明或互動的人都可以被要求權益質押。權益質押會對行為不良的一方施加有形的懲罰，同時提供交易對手有形的獎勵，以便強制執行合約，後者應該得到一如合約原始條款規定的良好結果，或甚至更好的結果。這些透明的誘因結構提供更安全、更明顯的保證，遠非傳統金融業協議所能及。

去中心化金融中有另一種提升透明度的智能合約類型，那就是代幣合約，它允許用戶完全清楚掌握系統中有多少代幣以及通膨和通縮的各項參數。

集中式掌控

　　傳統金融的第四大弊端是政府部門、大型組織行使強力掌控權，它們實質上壟斷諸如貨幣供給、通膨率以及最佳投資機會的獲取管道等要素。去中心化金融通過放棄掌控具有透明、恆定不變的開放協定，進而顛覆這種集中式掌控。利害相關人社群或甚至預先確定的演算法，都可以掌控諸如通膨率之類的去中心化金融 DApp 參數。要是 DApp 涵蓋管理者的特殊權限，所有用戶都會知道權限為何，任何用戶都可以好整以暇地挑選集中式掌控力較低的競爭對手。

　　區塊鏈的開源精神與所有智能合約的公共特質，都確保去中心化金融專案的缺陷與效率低落可以被執行複製、改善有缺陷專案的用戶輕鬆地挑出來，然後「分叉出去」。這必然導致去中心化金融努力設計出自然、優雅地提供利害相關人誘因的協定，並通過謹慎的機制設計以便維持健康的平衡。當然，在擁有及不擁有中心化單位的過程中必有一定程度的取捨。集中式掌控允許危機爆發時採取徹底果斷的行動，可能會是適切的反應，但也可能不是。由於預先規劃每一樁可能發生事件與經濟細微差異的挑戰艱鉅，去中心化金融的路徑肯定將在血淚中成長。然而，去中心化的做法終將帶來透明度和安全性，也將導引出強健的協定，它們可以立足全球用戶的基礎上成為值得信賴的金融基礎建設。

⚙️ 去中心化自治組織

在去中心化自治組織中，營運規則被編寫在決定誰來執行什麼作為或更新的智能合約裡。去中心化自治組織擁有某種治理型代幣很常見，它提供所有者針對未來結果一定比率的投票權。稍後我們將會更詳盡探討治理這一塊。

缺乏互操作性

現在我們將觸及去中心化金融如何解決傳統金融業缺乏互操作性的問題。傳統金融產品很難整合，一般來說最低限度的需求就是電匯，而且在許多情況下無法重組。去中心化金融的可能性相當顯著，創新的產品在輕易就能組合去中心化金融產品的加持下也持續有如雨後春筍般湧現。一旦基本的基礎建設完成打底，好比打造合成資產，任何允許借款與放款的全新協定都將適用，更高的層級則是將會允許奠基於借入的資產上取得槓桿。隨著全新平台崛起，這類可組合性可以往四面八方繼續發展。出於這道原因，去中心化金融樂高成為一種經常用來描述將既有協定融入全新協定的行動類比。下一節將討論代幣化與流動性網路，它們是這種可組合性的優勢。

⚙ 代幣化

代幣化是去中心化金融平台整合的關鍵方式。以民營商用不動產企業的百分比所有權益為例，傳統金融很難採用這種資產當作貸款擔保品，或是當作開設槓桿衍生性商品部位的保證金。由於去中心化金融倚賴共享介面，應用程式可以根據需要直接插足彼此的資產中、重新打包並切割出售。對於那些傳統定義中視為不流動的資產，去中心化金融具有通過代幣化釋放它們的流動性的潛能。有一個簡單的使用情境將是從諸如股票這種單一資產中創造出零碎股份的做法。我們可以延伸這道概念，賦予諸如珍稀藝術品這種稀缺資源零碎的擁有權。代幣可以用來當作好比槓桿或衍生性商品等任何其他去中心化金融服務的擔保品。

我們可以倒置這種典範，創造現實世界或數位資產成群結隊的代幣包，然後把它們當作指數股票型基金一樣買賣。試想一支類似不動產投資信託（Real Estate Investment Trust，REIT）的 DApp，不過附帶額外的能耐，那便是允許所有者將不動產投資信託切割成個別不動產組成要件，以便在不動產投資信託中選定偏好的地理分布與配置，擁有代幣意味著監管資產的分配方式。代幣可以在去中心化交易所買賣，以便促進部位流動。

將房產或珍貴重金屬等實體資產代幣化比數位資產更困難，因為維運、儲存等實際考量無法通過程式碼強制執行。對代幣化來說，跨司法管轄區的法律限制也是一項挑戰；儘管如此，對多數使用情境來說，安全、合約格式的代幣化帶來的效用不應被低估。

在去中心化金融平台的部位中，有一種代幣化版本是可以插入也可以在另一座平台中使用的衍生性資產。代幣化允許某個部位的好處與功能可以帶著走，而通過代幣化實現這種便攜性的典型例子是 Compound（請參見第六章），它支持穩健的放款市場，在此處，某個本身就是代幣的部位可以產生採取某種特定代幣計價的浮動利率。舉例來說，如果這個基礎資產是以太幣，它的存款包裝器一般稱為 cETH（或 cToken），可以用來代替基礎資產，結果將是以太幣打底的衍生性商品也會依據 Compound 的協定自然增生可變利率。代幣化便是因此為 DApp 開啟全新的收入模式，因為它們可以將資產持有量直接插入 Compound 中，或是採用 cToken 介面獲取利率所帶來的好處。

⚙ 流動性網路

互操作性的概念輕易就能延展到交易所使用情境的流動性，尤其是散戶投資者慣用的傳統交易所無法輕易地與其他交易所共享流動性。在去中心化金融中，任何交易所應用程式身為合約的附帶組成要件，都可以利用同一串區塊鏈帶上任何其他交易所的流動性與利率槓桿交易。這種能力催生了流動性網路，並為置身同一支應用程式中的用戶帶來非常有競爭力的利率。

CHAPTER 6

深入研究去中心化金融

信貸／放款工具

　　去中心化金融可以根據 DApp 的功能類別大致區分成幾大區塊。許多 DApp 都可以嵌入好幾種類別，因此我們試圖將它們分置在最相關的類別。我們採取放款／信貸工具、去中心化交易所、衍生性商品和代幣化這幾種分類法檢視去中心化金融平台[1]。由於以太坊網路聚攏高人氣，因此我們主要聚焦在此，不過去中心化金融創新正在包括 Stellar、EOS[2] 等許多區塊鏈上發生，Polkadot[3] 則是另一種採用權益證明共識的平台。

⚙ MakerDAO

　　MakerDAO[4]（DAO 的意思即是去中心化自治組織）常常被認定是去中心化金融的典範。對一系列建立在彼此架構之上的應用程式來說，它們必須有一個共同的基礎，而 MakerDAO 主要的附加價值就是創造一種錨定美元的加密擔保穩定幣，代表這套系統可以完全獨立在以太坊區塊鏈內部運行，無須倚賴外部集中式機構支撐、保管並稽核穩定幣。
MakerDAO 是一種兩用代幣模式，其一是治理型代幣 MKR，
會在平台上產出投票權並參與價值捕捉。其二是名為 DAI 的
穩定幣，在去中心化金融生態系統中，它是一種由許多協定
整合而成的主要代幣，我們稍後會探討其中一些協定。

　　DAI 的產出過程如下。用戶可以將以太幣或是其他獲得
支援的 ERC-20 資產存入資金庫，它其實是一份智能合約，
委託第三方代管擔保品並追蹤以美元計價的擔保品價值。之
後用戶可以撥出自身資產一定比率的擔保品鑄造 DAI，這一
步將會在 DAI 中製造資金庫持有者必須還清的「債務」。
DAI 是相應的資產，可以依照任何資金庫持有者期望的方式
使用。舉例來說，用戶可以賣 DAI 換現金，或是用它槓桿以
便取得更多擔保資產[5]，還可以反覆操作。由於以太幣與多
數擔保品類型的波動性，擔保的必要條件遠高過 100%，通
常介於 150% 至 200% 之間。

　　打造 DAI 機制的基本概念其實算不上稀奇，說白了就是
債務擔保合約。舉例來說，正好需要一些流動性的屋主可以
將房舍擔保給銀行，收到一筆精算過的房貸金，其中包含提

領現金。以太幣的價格波動性遠大於房舍；也因此以太幣－DAI 合約中的擔保率會遠高於傳統房貸。除此之外，集中式機構毫無必要，因為所有程序都發生在以太坊區塊鏈內部。

且讓我們思考一個簡單的例子。假設有一名以太幣所有者需要流動性，但因為認定它會升值不願意將以太幣出售，這種情況與需要現金流卻又不想賣房的房主類似。舉例來說，有一位投資者手握 5 單位以太幣，當前市場單價是 200 美元，所以 5 單位以太幣的總值是 1,000 美元，要是擔保要求是 150%，那麼這位投資者最多可以鑄造 667 單位 DAI（即 1,000 美元／ 1.5，再四捨五入）。在此將擔保率定在高位，是想降低貸款債務超過擔保品價值的可能性。除此之外，為了讓 DAI 能夠可靠地錨定美元，系統有必要避免擔保品的價值低於 1 美元：1DAI 的比率。

考慮到擔保率為 1.5 倍，鑄造 667 單位 DAI 實非明智之舉，因為如果以太幣有可能跌至 200 美元以下，合約將會變成擔保不足，這相當於是追繳保證金（margin call）的通知了。即使我們正在使用傳統的金融術語，但在去中心化金融領域中，不會有經紀商來電通知你必須提供額外保證金，或是要你清算部位，也沒有寬限期，清算可能立即發生。

　　也因此，多數投資者選擇鑄造少於 667 單位 DAI，好為自己預留緩衝。假設這位投資者鑄造 500 單位 DAI，這意味著擔保率是 2.0（即 1,000 美元／ 2.0=500）。讓我們設想兩套可能場景。第一，假設以太幣價格上漲 50%，這樣一來擔保品現價為 1,500 美元。如今，這位投資者可以擴充貸款的規模，為了維持 200% 的擔保率，可以額外鑄造 250 單位DAI。

　　另一個比較有趣的場景是擔保品的價值下降。假設以太幣價值減損 25%，從 200 美元掉至 150 美元。在這種情況下，擔保品價值會掉至 750 美元，擔保率則是降至 1.5 倍（即750 美元／ 500=1.5）。

　　資金庫持有者面臨三種可能場景。第一，他們可以增加合約中的擔保品數量，好比是增加 1 單位以太幣。第二，他們可以拿這 500 單位 DAI 償還債務，並匯回 5 單位以太幣。這些以太幣現在價值不到 250 美元，但無論貸款如何變化，價值都會下貶。第三，保管人（即任何外部參與者）出面清算貸款，他提供誘因尋找符合清算條件的合約，拍賣以太幣以便獲得足夠的 DAI 用來償還貸款。這種情形下，3.33 單位以太幣將被出售，1.47 單位以太幣將歸還給資金庫持有者（其餘 0.2 單位以太幣算是保管人的獎勵金）。這時資金庫持有者擁有價值 500 美元的 500 單位 DAI，以及價值 220 美元的 1.47 單位以太幣。以上這套分析不包括礦工費。

在這個過程中，兩股力量會加強 DAI 的穩定性：超額擔保與市場行為。清算時，以太幣被賣出、DAI 被購入，這對 DAI 形成正向價格壓力。這個簡單的範例並未強調 MakerDAO 生態系統中的諸多功能（請參見附圖 6.1），特別是我們現在即將探討的費用機制與債務限制。

MakerDAO 生態系統的可行性關鍵取決點在於 DAI 能扛住 1:1 錨定美元比率。要提供足以刺激需求與供給並驅動價格錨定這個比率的誘因，需要運用各種不同的機制，主要有債務上限、穩定費率和 DAI 儲蓄率（Dai Savings Rate，DSR）。這些參數都由治理型代幣 MKR 與 MakerDAO 治理的持有者所掌控。

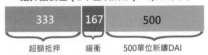

333	167	500
超額抵押	緩衝	500單位新鑄DAI

抵押係數：150%
貸款最大值：1,000/1.5 = 667單位DAI
實際貸款：500單位DAI

場景1　　　**以太幣升值50%**　200美元 ⟶ 300美元

抵押品價值（5單位以太幣）=1,500美元

500	250	250	500
超額抵押	新緩衝	額外貸款	500單位已鑄DAI

抵押係數：150%
貸款最大值：1,500/1.5 = 1,000單位DAI
實際貸款：500單位DAI→（如今比率300%）
額外貸款：250單位DAI
新增貸款：750單位DAI→（比率200%）

圖 6.1　MakerDAO 的 DAI 機制（上半部）

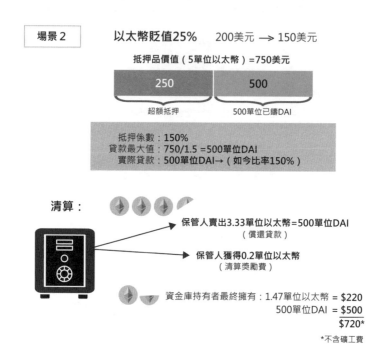

圖 6.1　MakerDAO 的 DAI 機制（下半部）

　　穩定費率是一種可變利率，資金庫持有者以 DAI 支付他們產生的任何 DAI 債務。利率可以被調高或壓低（甚至可為負值），以便提供產出或償還 DAI 的誘因，進而驅動它的價格朝向錨定比率。穩定費率為 DAI 儲蓄率提供資金，後者是一種任何 DAI 持有者可以從自身所有的 DAI 存款賺取的可變匯率。DAI 儲蓄率以單一區塊為基礎採複利計算。穩定費率必須永遠都大於或等於 DAI 儲蓄率,而且是由提供平台動力的智能合約強制執行。集中式金融的相似情況是指,代管利率永遠都高於存款利率。最後,由智能合約強制執行的 DAI 債務上限可以被調節,以便允許提供或多或少的支援,進而滿足當前的需求水準。如果協定觸及債務上限,直到舊的債務被還清或是債務上限被提高,否則新的資金庫不能鑄造新的 DAI。

用戶為能夠保持高於清算門檻的地位,可以在資金庫存入更多擔保品,以確保 DAI 安全擔保。一旦某個部位被認定低於清算比率,保管人就可以發起拍賣,也就是賣出某些以太幣擔保品[6],以便清算部位並結束資金庫持有者的債務。清算罰款依照債務的百分比計算,除了結清部位所需的金額之外,也會從擔保品中扣除。

拍賣結束後,任何剩餘的擔保品都歸資金庫持有者所有。清算懲罰扮演市場參與者監管資金庫的誘因,並在某個部位擔保不足時觸發一場拍賣。如果擔保品的價值下跌到無法完全還清 DAI 債務,這個部位就會被了結,而且協定就會自然增生協定債務。DAI 緩衝池存在是為了要彌補一定數額,這個解決方案涉及 MKR 代幣治理與整套治理系統。

MakerDAO 是由 MKR 持有者所掌控。代幣持有者握有協定升級的投票權限，包括支援全新的擔保品類型，以及調整諸如擔保率之類的參數。MKR 持有者肩負必須為平台的最佳財務利益做出決定的期待，他們的動機就是，一座健康的平台應該提升他們在平台治理占比的價值。舉例來說，由於治理不善，緩衝池可能不足以還清協定債務。如果所有其他還債措施都無效，全球結算是一套安全的機制，可以用來拍賣新鑄的 MKR 代幣以換取 DAI，而 DAI 則用來償還債務。全球結算會稀釋 MKR 的比重，因此提供利害相關人避開它的誘因，並繼續維持協定債務在最低限度。

MKR 持有者共同擁有 MakerDAO 的未來。一項提案與相應准過的投票可以改變平台上任何可用的參數，其他可能的參數變更包括支援資金庫接受全新的擔保品類型與添加功能升級。舉例來說，MKR 持有者可以投票支付自己一筆分紅，資金來自資金庫持有者繳付的利息與 DAI 儲蓄率之間的利差。有必要權衡考量收到這筆分紅的報酬與任何負面的社群反應，例如強烈反對在以前的無租金協定中尋租（rent seeking；運用政治權力管制或壟斷，而非透過直接生產活動，以便從經濟中牟利）的行為，這類反應有可能折損協定與 MKR 代幣的價值。

許多功能讓 DAI 對用戶有著強烈吸引力。重要的是，用戶無須在資金庫產製 DAI 就可以購買並使用它，他們可以單純地在交易所購買 DAI，沒有必要知道打造 DAI 的底層技術。持有者可以輕易採用協定就賺取 DAI 儲蓄率，而技術、財務手法都更高竿的用戶則可以採用 MakerDAO 的門戶網站生成資金庫並打造 DAI，進而從他們的資產中獲取流動性，無須出售資產。出售 DAI 並購入額外數量的擔保品資產以便獲得槓桿作用其實很簡單。

DAI 有一個值得注意的缺陷，即供給面永遠受到以太幣擔保債務需求面的限制，沒有明顯為了維持錨定比率的顯著套利循環存在。舉例來說，Coinbase 永遠都能夠以 1 美元的價格免費兌換穩定幣 USDC。套利者有一套被擔保（如 Coinbase 的償付能力）策略，在此他們能夠以折扣價格買進 USDC，或在其他平台以溢價價格賣出然後在 Coinbase 將它贖回。但這種做法不適用於 DAI。不管 DAI 有何缺點，正是

它的簡單性讓它成為其他去中心化金融應用程式的核心構建
區塊（請參見附表 6.1）。

附表 **6.1**　MakerDAO 解決的問題

傳統金融問題	MakerDAO 解方
集中式掌控：利率受到美國聯準會影響，獲取借貸產品則受監管和機構政策所控制	MakerDAO 平台公開受到 MKR 持有者管控
有限獲取：大多數人難以獲取貸款	從任何受到支援的 ERC-20 代幣中的超額擔保部位提領 DAI 流動性的開放能力，在 DAI 儲蓄率中獲取以美元計價並具有競爭力的報酬
效率低落：獲得貸款涉及時間與金錢成本	只需壓下按鈕就能夠以最低額交易成本獲得即時流動性
缺乏互操作性：在智能合約協議中無法在零信任基礎上使用美元或是美元擔保的代幣	發行 DAI 這種無需准入、追蹤美元並受到加密貨幣支援的穩定幣，DAI 可以用在任何智能合約與去中心化金融應用程式中
不透明：放款機構的擔保業務不明確	資金庫的透明擔保率可見於整個生態系統

⚙ Compound

Compound 是一個放款市場，提供好幾種不同的 ERC-20
資產以供借款與放款。置身單一市場的所有代幣都被匯聚在一起，所以每一名放款人都賺取相同的可變利率，而每一名借款人也都支付相同的可變利率。信用評等這個概念在此無足輕重，因為以太坊帳戶是匿名顯示，在貸款違約的情況下強制還款幾乎不可能。為此，所有借貸專案都必須在一種擔保資產中超額擔保，而且它不同於用來借款的資產。如果借款人的擔保率低於規定值，他們的部位就會被清算，以便償還債務。債務可能交由保管人清算，類似 MakerDAO 資金庫使用的流程。保管人會在結清每一單位的債務之後個別收到分紅獎勵。

擔保率的計算方式是透過擔保品係數而來。平台上每一份 ERC-20 資產都有自己專屬的擔保品係數，分布範圍從 0% 到 90%。擔保品係數為 0% 意味著資產無法用來當作擔保品。單一擔保品類型所需的擔保率計算方式是 100 除以擔保品係數。波動性資產通常有比較低的擔保因素，因此會強制要求比較高的擔保率，主要是可能導致擔保不足的價格變動會帶來升高的風險。一個帳戶可以同時採用好幾種擔保品類型，在這種情況下，擔保率計算方式是 100 除以擔保品類型的加權平均值，再除以它們在投資組合中的相對規模（以共同貨幣計價）。

　　擔保率類似傳統銀行業的準備金乘數,限制系統中與「實際」供給量相對的「被借出」美元數量。舉例來說,在 Compound 平台上的 DAI 偶爾會多於 MakerDAO 的實際供給量,這是因為用戶正在借款然後轉手供給他人,或是賣給其他正在轉手供給他人的對象。重要的是,所有 MakerDAO 的供給量最終都由真實的擔保品支撐,沒有辦法申借比擔保品價值更高的額度。

　　舉例來說,假設一名投資者存入擔保品係數為 90 的 100 單位 DAI。單是這回交易相應的所需擔保率就為 111%。假定 1 單位 DAI 等於 1 美元,這名投資者可以在 Compound 平台申借任何其他價值高達 90 美元的資產。如果投資者申借最大值,被借出的資產也真的上漲,這個部位就會被清算。假設這名投資者也再存入 2 單位擔保品係數為 60、單價為 200 美元的以太幣,至此總供給餘額為 500 美元,其中是 80% 是以太幣、20% 是 DAI。所需擔保率的計算方式為 100 ／（0.8×60 ＋ 0.2×90）＝ 151%（請參見附圖 6.2）。

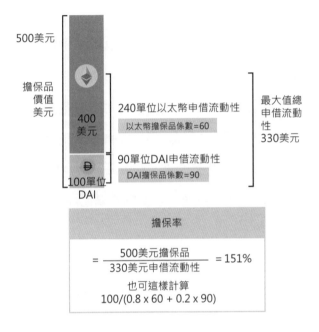

500美元

擔保品
價值
美元

400
美元

240單位以太幣申借流動性

以太幣擔保品係數=60

90單位DAI申借流動性

DAI擔保品係數=90

最大值總
申借流動
性
330美元

100單位
DAI

擔保率

$$= \frac{500美元擔保品}{330美元申借流動性} = 151\%$$

也可這樣計算
$$100/(0.8 \times 60 + 0.2 \times 90)$$

圖 6.2 Compound 平台的擔保率

　　每一個區塊的供給與申借利率都是採複利計算（在以太坊上，大約十五秒就能產出近乎連續的複利），也都是由市場中的利用率決定。利用率的算式是總借款除以總供給。在決定利率的算式中，利用率被當作輸入參數，其餘參數則是 Compound 治理者（Governance）所定。

借款利率的公式通常是遞增的線性函數，其中 y 截距稱為基準利率，代表借款需求為 0% 時的借款利率，而斜率則是代表借款利率變化的比率。對每一種平台支援的 ERC-20 資產來說，這些參數都不相同。有些市場內含諸如轉折點（kink）這種比較進階的公式，指的是斜率陡升時的利用率。這些公式可以用來壓低申借成本直至觸及轉折點，等到過了轉折點以後再提高申借成本，以便刺激最低程度的流動性。

供給利率是借款利率乘以利用率，這樣一來，申借款項就可以完全支應供應商的利率。準備金係數是申借款項沒有支付給供應商的比率，反而暫時擱置在準備金池中充當保險金，以防借款者違約。在極端的價格變動期間，許多部位可能因為資金不足以償還供應商結果變得擔保不足，在這類情境發生時，供應商將可使用準備金池中的資產獲償。

以下是一個比率機制的具體範例。在 DAI 市場中供給 1 億單位 DAI，其中 5 千萬單位 DAI 被借走。假設基準利率是 1%、斜率是 10%。這些被借走的 5 千萬單位 DAI 利用率為 50%。這時借款利率的計算方式為 $0.5 \times 0.1 + 0.01 = 6\%$。最大值供給率（假定準備金係數是 0）可以簡單計算為

0.5×0.06 ＝ 3%。如果準備金係數定為 10，借款利率的 10% 會被轉移到 DAI 準備金池中，進而降低供給利率至 2.7%。另一種思考供給利率的方式就是，5 千萬單位 DAI 的借款利率是 6%，相當於 300 萬單位的申借款項。將 300 萬單位的申借款項分配給一億名供應商便是意指所有供應商的利率為 3%。

以另一個涉及轉折點的更繁複範例來說，假設供給 1 億單位 DAI，其中 9 千萬單位 DAI 被借走，利用率即為 90%。轉折點利用率定在 80%，之前的斜率為 10%，之後則為 40%，這意味著，如果 80% 利用率被超越了，借款利率將大幅走高。基準利率維持在 1%。借款利率的計算方式是 0.01（基準）＋ 0.8×0.1（轉折點之前）＋ 0.1×0.4（轉折點之後）＝ 13%。供給比率（假定準備金係數是 0）則為 0.9×0.13 ＝ 11.7%（請參見附圖 6.3）。

Compound 平台的放款市場效用相當直接：它允許用戶在不出售資產並遭到課稅（至少目前是這樣規定）的情況下釋放資產價值，類似房貸借款人債信不佳的貸款（home equity line of credit，HELOC）。此外，他們可以利用這些被借走的資產設計槓桿過的多頭或空頭部位,其中附帶有競爭力的綜合利率,而且無需經過審批流程。舉例來說,如果有一名投資者看跌以太幣的價格,可能會逕自存入諸如 DAI 或 USDC 代幣之類的穩定幣當作擔保品,然後申借以太幣再將它賣出,以便換取更多穩定幣。要是以太幣價格下跌,投資者就會花用一些 DAI(便宜)購入以太幣以便還債。Compound 平台同時提供易變與穩定的代幣滿足投資者的風險偏好,而且更多的新代幣正持續加入陣容。

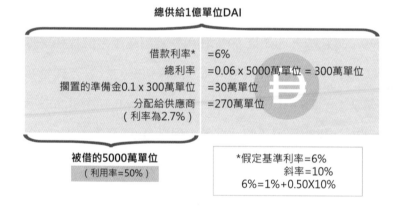

總供給1億單位DAI

借款利率* =6%
總利率 =0.06 x 5000萬單位 = 300萬單位
擱置的準備金0.1 x 300萬單位 =30萬單位
分配給供應商 =270萬單位
(利率為2.7%)

被借的5000萬單位
(利用率=50%)

*假定基準利率=6%
斜率=10%
6%=1%+0.50X10%

圖 6.3　Compound 平台的儲蓄和貸款利率

　　Compound 協定必須將代幣暫交第三方保管當作存款戶，以便維繫平台本身的流動性並追蹤每一名個體在每一個市場的所有權益。追蹤合約內含的數字是很異想天開的事情，反之，代幣化用戶的占比更可行。Compound 採用 cToken 來實現這一點，這是這座平台其中一項重要創舉。

　　Compound 的 cToken 本身就是一種 ERC-20，代表在這個底層 Compound 市場的所有權益。舉例來說，cDAI 相應於 Compound DAI 市場，cETH 則是相應於 Compound 以太幣市場。鑄造與銷毀兩種代幣都與底層市場增加與移除的資金成正比，當作追蹤屬於某一名特定投資者總額的手段。由於利率付款持續流向供應商，這些代幣的價值永遠高於基礎資產。採用這種方式設計這套協定的好處就是 cToken 本身可以像普通的 ERC-20 資產一樣用來交易。這種特質允許其他協定通過持有 cToken 無縫與 Compound 整合，也允許用戶直接部署他們自己的 cToken 在其他機會中，好比採用 cToken 當作 MakerDAO 資金庫的擔保品。投資者不單採用以太幣當作擔保品，也可以採用 cETH，然後賺到拿以太幣當作擔保品的放款利率。

　　假定 Compound DAI 市場中有 2 千單位 DAI，總共 500
單位 cDAI 代表市場中的所有權；cDAI 兌 DAI 的比率不具
有決定性，可能很容易就達到 50 萬單位 cDAI。這時在範
例中，1 單位 cDAI 價值 4 單位 DAI，但等到市場有更多孳
息，這個比率就會改變。如果有一名交易者進入市場並存
入 1 千單位 DAI，供給量會增加 50%（請參見附圖 6.4）。
因此 Compound 協定會新鑄超過 50% 的 cDAI（即 250 單
位 cDAI），並將這個總額轉入交易者的帳戶。假定利率是
10%，到了年底就會有 3,300 單位，而交易者的 250 單位
cDAI 則可兌換其中三分之一 DAI，也就是 1,100 單位。交易
者可以部署 cDAI 以替代 DAI，這樣一來 DAI 就不會閒置，
反而可以通過 Compound 池賺進利息。舉例來說，交易者可
以部署 cDAI 當作必要的擔保品，在 dYdX 上開設一個永久期
貨部位，或者也可以用 cDAI 當作交易配對，在 Uniswap 上
造市（dYdX 與 Uniswap 會在稍後深入討論）。

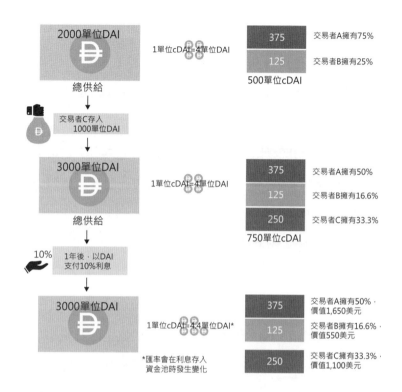

圖 6.4　Compound 平台的資產型代幣（**cToken**）機制

　　Compound 的功能性中有許多不同參數，好比擔保品係數、準備金係數、基準利率、斜率與轉折點等，它們都可以調整。得以調整這些參數的實體是 Compound 治理者，具有變更參數、新增市場、凍結在市場中啟動新存款或借款的能力，甚至升級某一些合約程式碼的權力。重要的是，Compound 治理者無法竊取資金或阻止用戶提領。在 Compound 發展的初期階段，治理掌控在開發者管理員手中，就和任何科技初創商相差無幾。Compound 就和多數去中心化金融協定一樣設定一個強力的發展目標，亦即移除開發者管理員訪問權限，並借道治理行代幣釋出協定給去中心化自治組織的領導層。代幣允許股東與社群會員集體成為 Compound 治理者並提議升級或調整參數。就實施任何變更而言，達成法定人數共識有其必要[7]。

2020 年 5 月，Compound 開始通過 COMP 代幣實施這套治理型系統。COMP 代幣用來投票表決協定的升級事項，好比調整參數、增添新的資產支援措施以及升級功能（類似 MakerDAO 的 MKR 代幣）。2020 年 6 月 15 日第七項治理提案獲准，內容規定基於每個市場的借款總量，分發 COMP 代幣給平台用戶[8]。這道提案提供一種類似科技公司給予用戶自家股票的體驗。COMP 代幣同時被配發給供給者與借款者，當作利率補貼。隨著代幣釋出進入公開市場，COMP 的市值衝破 20 億美元。分配比率的價格點飆升超高，使得多數市場的申借業務都變得有利可圖。套利機會為平台吸引相當可觀的流量，社群治理者已經底定並因此通過幾項提案，以便協助管理使用量。

　　只要以太坊存在，Compound 協定就無法被關閉，並會繼續留在以太坊上。其他平台可以在 Compound 上輕易地將資金交由第三方託管，以便為它們的用戶提供額外價值或是啟用新穎的商業模式。有一個好玩的例子就是 PoolTogether[9] 這種零損失樂透彩[10]，它將所有用戶的資金集聚並存入 Compound，但是會在一段固定的時間間隔內將整座池所賺取的利息支付給單一名隨機挑選的存款戶。操作簡單、即時造訪不同以太坊代幣的收益或借款流動性，讓 Compound 成為去中心化金融中的重要平台（請參見附表 6.2）。

附表 6.2　**Compound** 解決的問題

傳統金融問題	Compound 解方
集中式掌控：借款與放款利率掌控在機構手中	Compound 利率交由演算法決定，並將市場參數掌控權交由受到誘因所激勵，願意為用戶提供價值的 COMP 利害相關人
有限獲取：難以獲得高報酬的美元投資機會或有競爭力的借款方案	以一個具有競爭力的演算法所決定的利率借入或借出任何受到支援的資產的開放能力（由 COMP 分配暫時補貼）
效率低落：由於成本膨脹，只能獲得次佳的借款利率	以演算法集聚並優化的利率

缺乏互操作性：無法為其他的投資機會重新利用已供給的部位	透過 cTokens 所代幣化的部位可以用來轉化靜態資產成為產生收益的資產
不透明：放款機構的擔保不明確	借款人的透明擔保率可見於整個生態系統

⚙️ Aave

　　Aave[11] 於 2017 年推出，是類似 Compound 的放款市場協定並提供幾項強化功能。Aave 提供許多額外代幣，以便在 Compound 供給範圍之外支援並借款。值此撰文之際，Compound 供給九種不同代幣，Aave 便在這九種之外額外追加十三種 Compound 沒有供給的代幣。重要的是，Aave 的放款與可變借款利率都更具可預測性，因為它不像 Compound 平台上波動性大的 COMP 代幣，它不涉及任何補貼。

　　Aave 協定支援打造一整座全新市場的能力。每一座市場都由自己的一組代幣池所組成，附帶它們相應的供給與借款利率。打造獨立市場的好處是，支援這座市場的代幣僅在這裡充當擔保品，無法影響其他市場，因此得以減輕任何潛在的不良影響。

目前 Aave 有兩大主要市場。第一是類似 Compound 這種比較傳統的 ERC-20 代幣，支持諸如以太幣、USDC 和 DAI 之類的資產。第二是特定用於 Uniswap 流動性提供者（LP）代幣。舉例來說，當用戶在 Uniswap 市場（即一般所謂流動性池）存入擔保品，他們會收到 1 單位流動性提供者代幣，代表他們在這座市場中的所有權。流動性提供者代幣可以存入 Aave 平台上的 Uniswap 市場，以便產出額外的報酬。

Aave 也支援自身平台所有市場的閃電貸，而且對許多市值比較低的代幣來說，它是閃電流動性的唯一來源。Aave 對借貸金額收取九個基點的費用以執行閃電貸，這筆費用是要付給資產池，並為供給者提供額外的投資報酬，因為他們每個人都依照比例持有這座資產池。閃電貸有一個重要的使用情境，就是它們允許用戶快速獲取資金，當作一種再融資部位的手段。對去中心化金融來說，這種功能性至關重要，無論是當作一般基礎建設或者是積極用戶體驗的重要元素皆然。

在此我們假設以太幣的價格是 200 單位 DAI，假如有一名用戶在 Compound 供給 100 單位以太幣，並借走 1 萬單位 DAI 以操作槓桿，同時購入額外 50 單位以太幣用來提供給 Compound。這時 Compound 上的 DAI 借款利率假設是 15%，但 Aave 上的利率會是 5%，這麼做的目標是為借款再融資，以便利用 Aave 提供的較低利率，這種做法與再融資一筆房貸這個在中心化金融中流程漫長又昂貴的概念類似。

有一個選項是手動重行結算 Compound 利上的每一筆交易，改在 Aave 重新完成兩筆交易，以便重新建構槓桿部位，但是就交易費與礦工費的視角來看，這個選項無異多此一舉。比較簡單的途徑就是從 Aave 領取一筆價值 1 萬單位 DAI 的閃電貸，用它來償還 Compound 上的負債，領出全額 150 單位以太幣，重新供給給 Aave，並啟動正常的 Aave 借款部位（以年率 5% 計算），以用來償還閃電貸的擔保品（請參見附圖 6.5）。後面這套手法有效跳過拿以太幣交換 DAI，以便重行結算並倒回重置槓桿的步驟。

正如前述範例所示，用來再融資部位的閃電貸將去中心化金融客戶應用程式納入考慮，讓用戶只需要按下一個按鍵，便可將槓桿部位從一支 DApp 轉移到另一支，這些應用程式甚至可以最優化幾項互相競爭的產品的投資組合年率，包括 MakerDAO DAI 儲蓄率、Compound、dYdX 與 Aave。

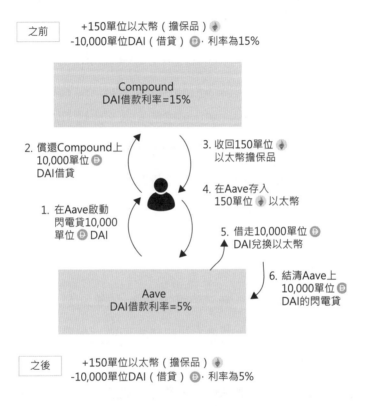

圖 6.5　Aave 閃電貸的機制

Aave 有一項創新（值此撰文之際，僅 Aave 獨有）就是穩定利率貸款（刻意採用穩定二字是為了避免與固定利率混淆）。借款方擁有在可變利率與當前穩定利率之間轉換的選項。供給率永遠都是變數，因為在好比所有借款方都離開市場之類的某些情況下，將不可能為固定的供給率提供資金。供給方永遠都是共同賺取穩定與可變借款利率支付減去任何平台相關費用的總和。穩定利率不是固定利率，因為在極端的流動性緊縮之際這個利率可以調整，而且如果市場條件允許，還可以再融資到一個比較低的利率。此外，當觸及某個特定的穩定利率時，有多少流動性可能會被消除，這方面存在一些相關限制。演算法的穩定借款利率為風險趨避型投資者提供價值，他們希望可以在不帶有可變利率部位不確定性的情況下利用槓桿。

Aave 正在開發一套信用委託功能，在此用戶可以分配擔保品給潛在借款方，讓後者可以用來申借一項渴望的資產。這道流程無須擔保而且倚賴信任關係，同時考慮到好比存在於傳統金融領域的無擔保借貸關係，並且有可能從獲得流動性的角度開啟流動性的閘門。信用委託共識將可能會設置費用與信用評分，以便補償無擔保借貸的風險。最終，委託者可以自行決定誰才是合格的借款方，而且哪些合約條款足夠充份。重要的是，信用委託條款可以交由智能合約調解。要不然，接受委託的流動性也可以提供給智能合約，讓它可以利用流動性完成原定的預期功能。信用委託的潛在好處就是，在 Aave 上的所有借貸最終都會有擔保品支持，無論擔保品屬於誰。

舉例來說，一名供應商可能在 Aave 有 4 萬單位 DAI 餘額用來賺利息，同時想要無擔保委託他們的擔保品給值得信任的交易對手，以便提升預期報酬。這名供應商可能透過鏈帶之外的關係知道他的交易對手是誰，好比可能是銀行業客戶。舉例來說，這名交易對手可能申借 100 單位以太幣，並承諾償還資產給這名供應商，外加支付一筆雙方同意的利息。實質影響是，外部關係沒有擔保性，因為沒有可用於強制執行付款的擔保品；這段關係主要是建立在信任基礎之上。

總之，Aave 除了提供 Compound 與其他競爭對手的借款產品，也供應好幾種創新之作，Aave 的閃電貸雖然在一票競爭對手中並非獨一無二，卻為投資者提供額外報酬，因此讓它們成為提供流動性的吸睛機制。這些實用性同時吸引套利者與其他有必要為自家的使用情境提供閃電流動性的應用程式湧入平台。穩定借款利率是關鍵創新，目前 Aave 是唯一提供這項服務的平台。對更大型卻無法在可變借款利率的潛在波動性之下營運的玩家來說，這道功能可能很重要。

最後，信用委託允許用戶採用新穎的做法釋出受到支援的擔保品價值，包括借道傳統市場與合約，甚至透過收取一定溢價比率以便補償風險的附加智能合約層。信用委託允許借貸供應商採取非同質化以太坊資產的形式取走自家的擔保品，或許就像是沒有受到 Aave 主要的協定支援被貨幣化的藝術品或房產。隨著 Aave 持續創新，平台將會繼續累積更多流動性，並涵蓋基礎更廣泛的潛在使用情境（請參見附表6.3）。

附表 6.3　Aave 解決的問題

傳統金融問題	Aave 解方
集中式掌控：借款與放款利率掌控在機構手中	Aave 利率由演算法控制
有限獲取：唯獨特定群體才得以獲取大量資金，用以套利或是再融資	閃電貸為立即就能獲利的企業普遍化擷取流動性的機會
效率低落：由於成本膨脹，只能獲得次佳的借款利率	演算法匯聚並最優化利率
缺乏互操作性：無法在放款部位貨幣化或利用過剩的擔保品	信用委託允許各方可以在不需要借款流動性時採用已經存入的擔保品
不透明：放款機構的擔保不明確	借款人的透明擔保率可見於整個生態系統

去中心化交易所

⚙ Uniswap

以太坊上的自動造市商主要範例就是 Uniswap[12]。我們的討論將聚焦第二套版本的 Uniswap（以下稱 Uniswap V2）。近來，Uniswap 發布第三次迭代，這部分稍後再述。Uniswap V2 採用常數乘積法則（product rule）以決定交易價格，公式為 $K = X \times Y$，其中 X 是資產餘額 A，Y 是資產餘額 B，乘積 K 是不變量，需要維持固定在某個特定的流動性水準。若欲購買（提領）一些 X，就得先賣出（存入）一些某 Y。隱含價格是 X 除以 Y，而且這是風險中性價格，因為只要不變量 K 維持恆定，合約就同樣主動依照這個比率買入或賣出。

試想一個具體範例（請參見附圖 6.6）。為求簡化，我們將在所有範例中略計交易費（即礦工費）。假定 Uniswap USDC/DAI 市場中有一名投資者手握 4 單位 DAI（資產 A）與 4 單位 USDC（資產 B），這便制定出 1 單位 DAI：1 單位 USDC 的即時匯率，不變量則為 16（即 X×Y）。這名投資者想要出售 4 單位 DAI 換取 USDC，於是在合約中存入 4 單位 DAI，然後提領 2 單位 USDC。現在 USDC 餘額是 4-2=2；DAI 餘額是 4+4=8，不變量則是保持恆定在 16。請留意，現在有效匯率變成 2 單位 DAI：1 單位 USDC，其間改變是出於低度市場流動性所導致的滑價。不變量的大小決定滑價總量。延伸這道範例，假定合約中的餘額是 100 單位 DAI 與 100 單位 USDC，現在不變量是 1 萬，但匯率一樣。如果這名投資者出售 4 單位 DAI 換取 USDC，現在可以提領 3.85 單位 USDC，以保持不變量恆定，結果便會導致更低滑價，來到 1.04 單位 DAI：1 單位 USDC 的有效匯率。

深度流動性有助使滑價最小化，因此，Uniswap 提供存戶誘因來支援資金注入某個特定市場，這一點很重要。任何人都可以採用當前匯率供給資產給市場中的買、賣雙方，進而成為流動性提供者 [13]。供給雙方會提升交易配對持有資產數量的乘積（亦即提升公式中的市場造市商這個不變量）。順著前述範例，更高的不變量會導致更低的滑價，因此有效流動性便升高。我們可以將不變量想成流動性的直接衡量指標。簡言之，提供流動性會增加不變量卻不會影響價格，反而是針對市場的交易會影響價格，卻不會影響不變量。

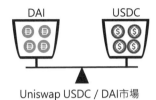

瞬間匯率=1單位DAI ⓓ = 1單位USDC ⓢ
不變量 (K) = 4單位DAI ⓓ × 4單位USDC ⓢ = 16

Uniswap USDC / DAI市場

可能場景A

兌換4單位DAI

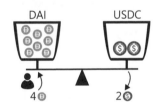

不變量 = K = 8DAI ⓓ ×2USDC ⓢ =16
因此，4單位DAI換取2單位USDC

4ⓓ　　　　2ⓢ

可能場景B

兌換4單位DAI，
但是合約有更高流動性，100單位DAI、100單位USDC

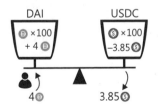

瞬間匯率=1單位DAI ⓓ = 1單位USDC ⓢ
之前　K=100×100=10,000
之後　K=104×96.15=10,000
隱含價格=1.04單位DAI ⓓ = 1單位USDC ⓢ

4ⓓ　　　　3.85ⓢ

圖 6.6　Uniswap 自動造市商的機制

Uniswap 市場中的每一筆交易都會將相關的 0.3% 的費用歸還到池中。流動性提供者依照自己貢獻流動性池的比例賺取這些費用，因此會偏好高總量的市場。這套賺取費用的機制與 Compound 中的 cToken 模型相同，所有權代表是一種名為 UNI token 的類似代幣。舉例來說，DAI ／以太幣池的所有權益代幣就是 UNI DAI ／以太幣。

Uniswap 的流動性提供者本質上依照他們供給總量所占的比例賺取被動收入，但是提領時基礎資產的匯率幾乎肯定會發生變化。這種轉變會產生一種機會－成本動態（即無常損失），之所以會出現是因為流動性提供者輕易就持有基礎資產並從價格移動的過程中獲利。他們從交易總量中賺取的費用必須超越伴隨提供流動性而來的無常損失，這樣他們才能獲利。必然後果是，對流動性提供者來說，諸如 USDC ／DAI 之類的穩定幣交易配對相當有吸引力，因為資產的高度相關性會將無常損失最小化。

如果基礎資產的相關性不是很明朗，Uniswap 的 K= X×Y 定價模式相當管用，它會計算在特定的流動性水準下任意兩個交易配對完全相同的滑價。然而就實務而言，我們將會預期穩定幣交易配對的滑價遠低於以太幣交易配對，因為我們從設計中就知道，穩定幣的價格應該接近 1 美元。Uniswap 的定價模式等於是為盯上穩定幣之類高相關性配對的套利者將資金攤在桌上，因為它沒有依照預期往下調節違約滑價（亦即改變聯合曲線的形狀）；流動性提供者的獲利就會被減除。為此，在 Uniswap 這些類型的市場中，諸如 Curve[14] 等特別擅長高相關性交易配對的自動造市商競爭對手有可能會為了爭取流動性自相殘殺。

如果這組交易配對尚不存在，任何人只要簡單地供給雙邊資金，就可以在 Uniswap 上開啟一組 ERC-20 ／ ERC-20 或是以太幣／ ERC-20 交易配對 [15]。用戶決定初始匯率，但如果它完全偏離，套利者就應該將價格推升至真實的市場價格。平台上的用戶可以採用決定最有效率交換路徑的路由合約（router contract），有成效地交易任何受到支援的 2 單位 ERC-20 代幣，以便在沒有現成的直接交易配對時，照樣可以獲得最低滑價。

自動造市商模式有一個缺點，就是特別容易受到搶跑交易的做法影響，這一點不應與困擾集中式金融的非法搶跑交易混為一談。區塊鏈有一個特點就是所有交易完全公開，也就是說，當以太坊用戶在記憶體池貼出交易資訊，它便可見於所有的以太坊節點。搶跑交易者可以看到這則交易，因為它是公開資訊，於是可以趕在用戶的交易被加入區塊之前就貼出一筆更高的礦工費以便針對這組配對交易；然後他們就可以立即與這組配對反向交易。據估，源自直接以用戶為代價的搶跑交易 2017 年 [16] 首次公開啟用，收入已從當年的幾十萬美元成長至 2021 年中的幾億美元 [17]，特別是帶有高滑價的非流動性市場中的大型交易格外容易出現搶跑交易。為此，Uniswap 允許用戶在交易中制定最大值滑價當作其中一項條款，要是超出可接受的滑價水準，交易就算失敗無法執行 [18]。這一步為搶跑交易者所能賺取的獲利設下一個限制，不過未能完全消除問題。

另一個缺點是套利的利潤只屬於套利者，因為他們在平台中沒有既得利益。套利者從流動性提供者支付的費用中獲取利潤，但後者不應損失他們在正常的造市情況下可以獲取的潛在利差。諸如 Mooniswap [19] 之類的競爭平台提議通過提供慢慢趨近真實價格的虛擬價格解決這個問題，讓套利者利用更短促的時間窗口、更低的利差獲利，而額外利差則保留在流動性提供者的池中。

　　Uniswap 提供一種名為閃兌（flash swap）的有趣功能，很類似閃電貸。在閃兌中，用戶拿配對組合中另一端的資產為代幣付款之前合約就會先寄發代幣，為套利者釋出許多機會。用戶可以部署這種即時流動性，以便搶在償還之前就先在另一家交易所以折扣價獲取其他資產；替代資產的相應總額必須被償清才能保持不變量。閃兌具備的這種彈性有別於閃電貸的準備金，後者要求必須償還相同的資產。閃兌其中一個關鍵就是所有交易必須在單一場以太坊交易中進行，而且在那座市場中交易必須以補充資產的相應總額結案。

　　試想一下假如在 DAI ／ USDC 市場各自供給 10 萬單位（請參見圖 6.7），這意味著兌換率為 1:1，不變量是 100 億。一名沒有任何起始資金的交易者發現一個套利機會，可以在去中心化交易所出價 0.95 單位 USDC 買入 DAI。這名交易者可以通過閃兌從這回套利交易中獲利，他先從 DAI ／ USDC 市場提領 950 單位 USDC 的閃電流動性（流動性源於閃電貸），借道前述套利交易買進 1 千單位 DAI，然後償還 963 單位 DAI，最終獲利 37 單位 DAI，從頭到尾沒有出過一毛起始資金。963 單位這個數額的計算方式就是，960 單位（在此四捨五入以便說明）用以保持 100 億不變量，考慮到些許滑價，於是加上 0.30% 乘以 960，那就等於 3 單位 DAI 的交易費，用來付給流動性提供者擁有的池。

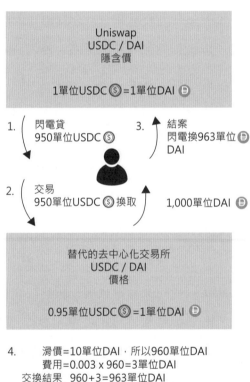

圖 6.7　**Uniswap** 中的閃兌機制

　　Uniswap 有一個重點是 2020 年 9 月發布一種名為 UNI 的治理型代幣，它就像 Compound 的治理型代幣 COMP 一樣會配發給用戶，以獎勵包括以太幣／USDC、以太幣／DAI 等關鍵池的流動性。UNI 甚至可以掌控一些配發自家代幣的權限，因為 43% 的供給將在四年內歸屬 UNI 所控管的財庫。重要的是，每一個在某個結算日之前都採用 Uniswap 的獨立以太坊位址（總共超過 25 萬個）會獲贈 400 單位 UNI 代幣當作免費的空投物資（airdrop）。在空投同時，UNI 會在 Uniswap 與 Coinbase Pro 平台上線進行交易。每一單位代幣價格在開盤時約為 3 美元，總市值超過 5 億美元，相當於直接配發每一名用戶 1200 美元流動價值。供給潮可能會帶來賣壓，進而重創代幣價格。反之，代幣價格飆升至 8 美元以上，然後才穩定落於 4 美元至 5 美元之間。Uniswap 藉由 UNI 有成效地群眾外包資本以便建立、擴展業務，讓它短時間內贏得獨角獸等級的預估價值。這一點便顯示社群相當重視代幣和平台，因為大多數供給依舊被那些收到空投的族群持有。

　　Uniswap 是一個好點子的證據源自另一家去中心化交易所 Sushiswap 高度複製[20]。除此之外，常數函數造市商（constant function market maker，CFMM）已經被也是去中心化交易所的 Balancer[21] 普及化，在此一座流動性池可以支援超過兩座市場。除此之外，資產可以任意自行加權（目前，Uniswap 要求等值）。再者，交易費用由流動性池創造者設定。

2021 年 3 月，Uniswap 團隊發布了新的協定時間表和升級計畫。Uniswap 團隊把它稱為 Uniswap V3，針對協定的流動性供給模型提出幾項變更，移出稍早提到的常數乘機公式，轉向類似位於鏈上的限價簿（limit order book）模型[22]。這道變更強化 Uniswap 的彈性，允許用戶與流動性提供者客製化曲線，也更主動管理他們的流動性部位／掌控報酬概況。Uniswap V3 是在 2021 年 5 月 5 日推出，值此撰文之際，V3 平台的交易量已經超越 V2[23]。

Uniswap 是去中心化金融應用程式的關鍵基礎建設；無論何時只要有需要就保持交易運作，這一點很重要。Uniswap 通過成為流動性提供者，提出獨一無二的手法從用戶的資產獲益。它的閃兌功能協助套利者維持有效率的市場，並為用戶釋出全新的使用情境，他們可以擷取任何對外陳列 ERC-20 的代幣，包括通過 IDO 打造全新代幣。隨著以太坊上自動造市商總量成長，加上挾著競爭模式的新平台崛起，Uniswap

將持續成為關鍵基礎建設的領袖與典範（請參見附表 6.4）。

附表 **6.4**　**Uniswap** 解決的問題

傳統金融問題	Uniswap 解方
集中式掌控：交易所掌控哪些交易配對會被支援	倘使某一種交易配對尚不存在，允許任何人自行打造新組合，並自動選擇最有效的規畫路徑交易
有限獲取：流動性提供的最佳投資機會與報酬受到大型機構限制	任何人都可以成為流動性提供者並因此賺取費用。任何專案都可以在 Uniswap 列出自己的代幣，並給予任何主動接觸投資者的對象
效率低落：交易通常需要兩方結算	允許基於合約交易持續造訪的自動造市商
缺乏互操作性：在某一處交易所互換資產的能力不容易在另一支金融應用程式中使用	去中心化金融應用程式所需的任何代幣交換都可以應用 Uniswap 當作嵌入式功能
不透明度：不知道交易所是否真正擁有所有用戶的全部餘額	平台提供透明的流動性水準與演算法定價

衍生性商品

⚙ Yield Protocol

　　Yield Protocol 為有擔保的零息債券提供了一種衍生性模型。本質上，這套協定定義 1 單位 yToken 換算成 1 單位同質化 ERC-20（同質化）代幣，在某個指定日期以某一種固定數量的標的資產結算。合約將明定這些具有同樣到期日、標的資產、擔保資產和擔保率的代幣都可以互相取代，它們都受到擔保品資產保護，也都具有類似好比 MakerDAO 與我們討論過的其他去中心化金融平台所需的維護擔保率。如果擔保品的價值下降至低於維持率要求，有可能採取出售這個部位的部分或所有擔保品以便償還債務的做法清算。

　　yToken 的結算機制還沒底定，但有一個提議解方是「現金」結算，意味著支付相當於標的資產指定數量的擔保資產。舉例來說，標的資產是由 300 單位 DAI 擔保 1 單位以太幣，滿期時則為 200 單位 DAI 擔保 1 單位以太幣，這種現金結算將是支付 200 單位 DAI，並將 100 單位 DAI 的超額擔保品還給 yToken 賣方。另一種共同提議的解方是「實物」結算，意思是滿期時（可能就在 Uniswap）自動賣出標的資產的擔保品以便支付標的資產。採用前述範例的相同數字，yToken 的所有者將收到 1 單位以太幣，賣家則因為減去交易費用而收到略微減少的剩餘擔保品，約莫是 95 單位 DAI。yToken 採用從相對於標的總額的代幣折扣價格中獲得的隱含報酬，在允許固定利率借款與放款上頗有成效。

我們可以採取下方圖示說明：假定一名用戶擁有 yToken，標的資產是受到以太幣擔保的 1 單位 DAI。到期日期是提前一年，yToken 交易價格是 0.92 單位 DAI。即使是在清算的情況下，購買 yToken 也將有效擔保 8.7% 固定利率。在正常的清算程序中，擔保品將被賣出以便彌補這個部位。如附圖 6.8 所示。

除了現金與實物之外，第三種有信服力的結算方式就是「統合式」結算。這種結算方式不直接償付基礎資產，反而是併入某一座放款平台的等值金額中，比方說 Compound。統合結算意味著，yDAI 可能採用 cDAI 結算，進而將固定利率轉換成浮動利率。買家可以從容地拿 cDAI 贖回 DAI 以便

結算這個部位。Yield Protocol 會為用戶處理所有這類轉換，
這樣一來用戶體驗可以單純地繞著標的資產打轉。

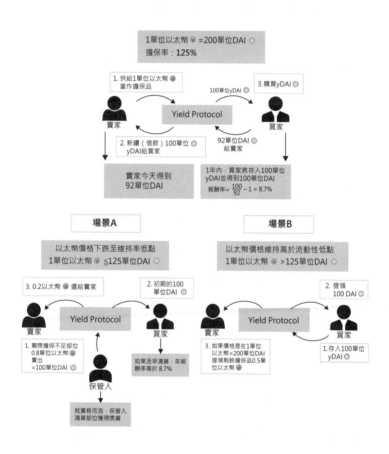

圖 6.8 Yield Protocol 中固定利率借款的機制

在 Yield Protocol 白皮書[24]中，作者群從投資者的角度探討好玩的應用程式。投資者可以購買 yToken 以便採取統合式做法放款標的資產。現在這名投資者將支付這項資產的 X 金額購買 yToken，所以結算後他會收到 X 金額外加利息。這種金融交易的功能是出借這套標的資產，需要留意的是，利息是包含在定價中的，並非指定的直接價值。或者，可以新鑄並出售 yTokens 以便採取統包做法借入標的資產，意思就是，現在（以面值計算）收到這項資產的 X 金額，並承諾未來將支付 X 金額外加利息。就功能而言，這項金融交易就是借入這套標的資產。

額外應用程式包括 yToken 上的永久產品，它會維持不同到期期限的投資組合，並會將短期利潤併入長期 yToken 合約。舉例來說，投資組合中可能涵蓋三、六、九個月，外加一年期的 yToken；一旦三個月的代幣到期，智能合約就可以將餘額再投入一年期的 yTokens 中。本質上，這筆資金的代幣持有者將會收到基礎資產的浮動利率報酬，而且每三個月利率就會更新一次。yTokens 也允許通過分析短期與長期合約的隱含報酬率構建報酬率曲線，這讓觀察者得以將參與各種支援性標的資產的投資者情緒量化。

　　Yield Protocol 甚至可以直接用來推測利率，例如 Compound 的 cDAI、Aave 的 aDAI 和 Chai[25] 等幾種 DAI 衍生性資產代表可變利率。你可以想像，一名 yDAI 賣家採用上述其中一種 DAI 的衍生性資產當作擔保品。這項交易的效果是，賣家支付 yDAI 的固定利率，同時收到擔保品的可變利率。這是一場押注利率會上升的賭注。同理，購買任何擔保品型態的 yDAI 也是一種賭注，可變利率的提升將不會超越已收到的固定利率。

　　Yield 是重要的協定，為以太坊提供固定利率產品。它可以與其他諸如 MakerDAO 與 Compound 等協定緊密整合，進而為投資者打造強健的孳息應用程式。隨著主流投資者開始採用去中心化金融連同這些類型資產的投資組合，對固定收入組成要素的需求將會成長（請參見附表 6.5）。

附表 6.5　Yield Protocol 解決的問題

傳統金融問題	Yield 解方
集中式掌控：固定收入工具主要受限於政府和大公司	Yield Protocol 對任何規模的各方開放
有限的訪問權限：許多投資者買入或賣出複雜固定收入投資的機會有限	Yield 允許所有市場參與者買入或賣出依據自身選擇的標的資產所結算的固定收入資產

（續）

效率低落：由於傳統金融累積層層肥油，固定收益利率偏低	由於中間人已被消滅，立足以太坊運行的精實基礎建設允許更多具有競爭力的利率以及多元化流動性池
缺乏互操作性：一般來說，固定收入工具都設定為現金結算，投資者必須決定如何配置	yTokens 可以結算任何以太坊標的資產，甚至可以採取統包做法併入浮動利率放款協定，以便保護報酬
不透明度：傳統協議 [中交易對手帶來的風險與不確定性	眾所周知，以太坊區塊鏈上明確的擔保品會支持投資

⚙ dYdX

dYdX[26] 專營衍生性商品和保證金交易，目前支援以太幣、比特幣等許多種類的加密貨幣。它設立現貨去中心化交易所，允許投資者根據當前的買賣盤勢交換這些資產，並採用混合鏈上及鏈下的交易方式。本質上，dYdX 店家簽署或預先核准訂單，而且無須呈交以太坊；它們應用加密技術擔保這些訂單只用在以期望的價格將資金兌換為期望的資產。去中心化交易所支援限價訂單以及市場訂單的最大滑價參數，努力減輕與價格變動或搶跑交易相關的滑價。

dYdX 為造市商及交易者提供與去中心化交易所互動時

所需的開源軟體與使用者介面。讓 dYdX 執行訂單撮合將導入認證要素，因為基礎建設可能正處於停機狀態，或是出於某種原因沒有貼出交易。通過 dYdX 撮合訂單無須冒著用戶資金遭企業竊取的風險，因為已簽署的訂單僅能依照智能合約的預期使用，一旦訂單完成撮合就會被呈交以太坊區塊鏈，智能合約在此執行結算。

除此之外，投資者可以端出保證金擔保品槓桿多頭或空頭部位，最多十次。這些部位可以被獨立交易，這樣一來就可以使用或交叉保證單一擔保品存款，以便匯聚投資者的餘額以當作擔保品。dYdX 和其他協定一樣都肩負維持保證金要求，要是不達標就會觸發清算擔保品程序，進而結束部位。清算可以交由外部保管人執行，他們收取費用並負責找出並清除低於約定水位的部位，類似 MakerDAO 依循的流程。

dYdX 提供類似 Compound 與 Aave 平台的借款與放款業務，也標榜免費閃電貸（Aave 的閃電貸要收費）當作特徵，因此讓它成為 DAI、以太幣與 USDC 閃電貸的高人氣選項。在開放的智能合約世界，將閃電貸費用壓至零成本有其道理，因為它們幾近零風險。對閃電貸來說，還款本來就是交由演算法強制執行，但沒有時間限制。就單筆交易而言，唯有用戶可以發出任何功能性要求或轉帳，當特定用戶的交易執行期間，沒有其他以太坊用戶可以染指資金或是變更，結果是不會產生資金的機會成本。因此，一如預期，提供免費閃電貸的市場玩家將吸引更多人使用它們的平台，因為它不需要任何頭期款，也因此成為各種使用者情境中資金獲取普及化的管道。在之前探討 Aave 的章節，我們已經解釋過如何利用閃電貸重組貸款，我們現在將闡述在套利機會中應用閃電貸獲利的方式。

假設 Uniswap 的有效匯率是 1 千單位 DAI 兌換 6 單位以太幣（即時匯率將因為滑價而異），同時 dYdX 去中心化交易所上有一筆 5 單位以太幣兌換 1 千單位 DAI 的現貨詢價（也就是說，以太幣在 dYdX 平台的價格比 Uniswap 貴得多）。一名投資者打算乘機套利，可以在僅需支付礦工費的零資本情況下執行閃電貸，先申借 1 千單位 DAI，在 Uniswap 換到 6 單位以太幣，然後拿出 5 單位轉赴 dYdX 兌換 1 千單位 DAI。最終這名投資者可以拿這筆 1 千單位 DAI 償付閃電貸，而且還賺到 1 單位以太幣，整個過程都只發生在單一筆交易中，也同樣可以在以太坊區塊鏈的單一筆交易中執行多筆合約（請參見附圖6.9）。

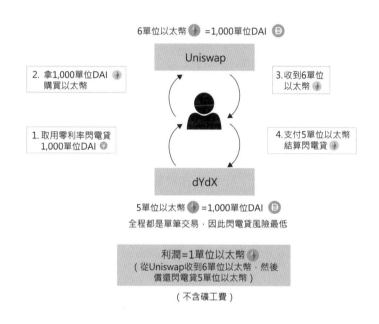

圖 6.9　dYdX 的套利機制

　　dYdX 提供的主流衍生性商品是以太幣和比特幣的永續期貨，值此撰文之際，dYdX 也提供十一種其他加密貨幣期貨。所謂永續期貨合約類似傳統期貨合約，但是沒有規定到期日期，投資者簽訂永續期貨合約單純就是押注某項資產的期貨價格。合約可以是多頭或空頭，也可以玩槓桿或不玩槓

桿；它採用基於主要交易所的基礎資產平均價格的指數價
格[27]，投資者存入保證金擔保品並選擇槓桿的方向與數量。
合約取決於投資者需求，可以採用高於或低於指數價格（即
比特幣）的價格交易。

融資利率是某一方付給另一方，以維持期貨價格接近指
數。如果期貨合約的交易價格高於指數，那麼融資利率將為
正，多頭就得付錢給空頭，融資利率的高低是兩者價格差異
對比指數的函數。同理，如果合約的交易價格打了折扣，空
頭就得付錢給多頭部位。融資利率提供誘因讓投資者勇於和
多數人反向操作，以便維持合約價格接近指數[28]。只要維持
住所需保證金，投資者永遠都可以享有名目部位減去保證金
持有的任何負數餘額價差，進而結束這個部位。

永續期貨合約就和傳統期貨合約一樣有兩種保證金：初
始與維持保證金。假設初始保證金是 10%，意味著投資者需
要提供價值相當於基礎資產 10% 的擔保品（或股權）。多
頭期貨合約允許投資者採取固定價格在未來買入資產，如果
市場價格上漲，投資者可以出價低於市場價格買入資產，並
從市場價格與合約價格的差額中獲利。空頭部位的運作方式

與之相差無幾，只不過改成投資者同意採用固定價格賣出資產。如果市場價格下跌，投資者可以在公開市場購買資產，然後出價高於合約規定價格賣出，獲利便是合約價格與市場價格的差額。

其間風險在於，價格變動對投資者不利。舉例來說，如果投資者拿出 10% 保證金做多，結果市場價格下跌 10%，擔保品就會被沒收，因為投資者是以合約價格買入、以公開市場價格（賠錢）售出，擔保品的價值就被吃掉了。重要的是，期貨與選擇權不同。如果基礎資產的價格在選擇權合約中移往錯誤方向，選擇權持有者可以拍拍屁股走人：執行選擇權是自由決定，那正是它稱為選擇權原因，畢竟沒有交易者執行選擇權是為了擔保損失。然而，期貨卻得履行合約條款。也因此，傳統交易所都會設立預防機制，以便將合約持有者部位虧損時可能違約的風險最小化。

維持保證金是最小化違約風險的主要工具。假設維持保證金是 5%，在傳統的期貨交易所，如果價格下跌 5%，投資者會被要求將擔保品補足至 10%，如果投資者拿不出來，交易所就會清算這個部位。dYdX 上的機制與交易所大致相同，但仍有重大差異。第一，如果任何部位下跌至 5%，保管人便將觸發清算；如果有任何剩餘的擔保品，他們可能會保留下來當作獎勵。第二，清算幾乎是即時發生。第三，不存在中心化交易所。第四，dYdX 合約是永續合約，但傳統交易所合約通常有一個固定到期日 [29]。

試想以下範例。假設比特幣價格指數是 1 萬單位 USDC ／比特幣，一名投資者存入 1 千單位 USDC 當作保證金（擔保品）開立一個多頭部位，進而槓桿押注比特幣價格。如果價格上漲 5%，獲利就是 500 單位。考慮到投資者只存了 1 千單位，報酬率便是 50%，算法為：（1,000-500）/ 1,000。

我們也可以採取另一種方式思考其中的操作方式。投資者在多頭部位擁有 1 萬單位，承諾以 1 萬單位買入，所以他的義務就是 1 萬單位。請將義務想成是負餘額，因為根據合約投資者必須支付 1 萬單位，而投資者已經承諾 1 千單位擔保品，因此積欠 9 千單位。另一方面，投資者承諾拿這些資金購買 1 單位比特幣這項資產，因此他有 1 萬單位的正餘額，亦即當前價格。擔保率是 1 萬 / 9 千 =111%，保證金比率則為 11%，相當接近被允許的最大額槓桿比率（10% 保證金）。

　　這個邏輯套用在空頭部位也行得通。投資者承諾以 1 萬
單位賣出，代表正餘額並增補 1 千單位保證金（所以總計為
11,000 單位）。投資者的負餘額是買入 1 單位比特幣的義務，
當前價格為 1 萬單位。擔保率是 11,000 /10,000，相當於保證
金比率為 10%。

　　現在且容我們循著這套空頭部位操作方式延伸，看看基
礎資產（即比特幣）的價值上漲 5% 時會怎樣。如果比特幣
價格上漲至 10,500 單位（即上漲 5%），保證金比率就變成
（11,000 /10,500）-1=4.76%，空頭部位便將被清算。這個部
位的淨餘額是 500 單位 USDC，這就是清算者結算這個部位
收取餘額的誘因。運作方式參見附圖 6.10。

　　dYdX BTC 永續期貨合約允許投資者直接在以太坊區塊
鏈上獲取比特幣報酬，同時也能支援任何 ERC-20 資產當作
擔保品。永續期貨的人氣日益水漲船高，這項功能性可能會
隨著時間拉長持續吸引流動性。

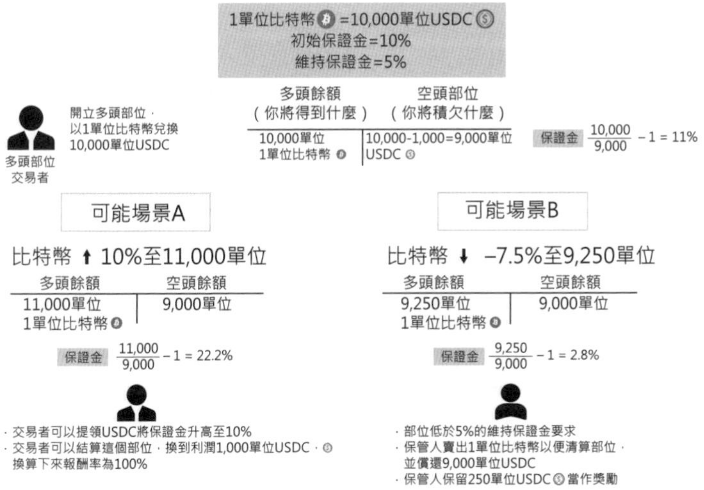

1單位比特幣 ₿ =10,000單位USDC Ⓢ
初始保證金＝10%
維持保證金＝5%

開立多頭部位，
以1單位比特幣兌換
10,000單位USDC

多頭部位
交易者

多頭餘額 （你將得到什麼）	空頭部位 （你將積欠什麼）
10,000單位 1單位比特幣 ₿	10,000-1,000=9,000單位 USDC Ⓢ

保證金 $\dfrac{10,000}{9,000} - 1 = 11\%$

可能場景A

比特幣 ↑ 10%至11,000單位

多頭餘額	空頭餘額
11,000單位 1單位比特幣 ₿	9,000單位

保證金 $\dfrac{11,000}{9,000} - 1 = 22.2\%$

· 交易者可以提領USDC將保證金升高至10%
· 交易者可以結算這個部位，換到利潤1,000單位USDC，Ⓢ
　換算下來報酬率為100%

可能場景B

比特幣 ↓ −7.5%至9,250單位

多頭餘額	空頭餘額
9,250單位 1單位比特幣 ₿	9,000單位

保證金 $\dfrac{9,250}{9,000} - 1 = 2.8\%$

· 部位低於5%的維持保證金要求
· 保管人賣出1單位比特幣以便清算部位，
　並償還9,000單位USDC
· 保管人保留250單位USDC Ⓢ 當作獎勵

圖 6.10　dYdX 的永續期貨

附表 6.6　dYdX 解決的問題

傳統金融問題	dYdX 解方
集中式掌控：借款與放款利率掌控在機構手中	dYdX 利率由基於明確概述、公式透明的演算法決定（通常是資產池利用率）
有限獲取：難以獲得高報酬美元投資機會或是有競爭力的借款以及期貨和衍生性商品。獲取資本以便挹注立即獲利的企業受到限制	演算法決定具備競爭力的利率，故有基於這個利率借款或放款的開放能力。涵蓋可以統包式支持任何資產的永續期貨合約。免費閃電貸提供開發者獲取大額資本以便從套利或其他賺錢商機獲利的機會

（續）

效率低落：由於成本膨脹，只能獲得次佳的借款利率	演算法匯聚並最優化利率和優化的利率。可為立即的使用情境提供免費閃電貸
缺乏互操作性：難以在一套金融工具範圍內重新利用資金	閃電貸的做法可以立即將總資產管理規模（asset under management，AUM）套用在外部機會，投資者無需承擔風險貨損失
不透明：放款機構的擔保不明確	借款人的透明擔保率可見於整個生態系統

⚙️ Synthetix

　　許多傳統的衍生性商品都有去中心化的對應商品，然而，去中心化金融出於智能合約允許開發新型態衍生性商品，這正是 Synthetix[30] 正在做的事

　　試想一種衍生性加密資產，它的價值基於一種既不被擁有也不受託管的基礎資產。Synthetix 是一支主要聚焦創造各種流動合成衍生性商品的團體，它的營運模式立於制高點，堪稱簡單直接而且新穎，它發行的代幣 Synths 價格錨定一種基礎資產的價格回饋並有擔保品支持。MakerDAO 的 DAI 也是一種合成資產，價格回饋源自 Chainlink[31] 的去中心化預言

機 [32]。理論上，Synths 可以追蹤任何多頭或空頭資產，甚至是被槓桿的部位。就實務而言，其實槓桿不存在，主要被追蹤的資產是加密貨幣、法定貨幣與黃金。

多頭的 Synths 稱為 sToken，例如 sUSD 或 sBTC。sUSD 是一種合成幣，因為它的價值是基於價格回饋而來。空頭 Synths 稱為 iToken，例如 iETH 或 iMKR。Synthetix 也有一種名為 SNX 的平台代幣，不是像 MKR 與 COMP 這類治理型代幣，而是一種功能型代幣或是網路代幣，意思是它賦能使用 Synthetix 的功能性當作唯一功能。SNX 扮演整套系統中獨一無二的擔保品資產，當用戶拿他們的 SNX 鑄造 Synths 就產出債務，會和以美元計價的未償債務總額形成一定比例。就原本意義來說，他們必須償還依這個比例換算而成的債務，因為他們要解鎖自己的 SNX 擔保品，就必須歸還這筆債務的總美元價值。所以，一旦 Synths 持有者建立自己的部位，所有 Synths 的全球債務由他們基於所擁有的以美元計價的債務比率集體共享。一旦任何 Synths 的價格波動，整體未償還以美元計價的債務總額就會改變，而且每一名持有者鑄造自己的 Synths 時也要繼續承擔相同比率的債務。因此，當 SNX 持有者的 Synths 表現優於集體池，持有者便會有效獲利；反之亦然，因為他們的資產價值（即 Synths 部位）超過債務成長（即所有 sUSD 債務總額）。

　　舉例來說，三名交易者各有 2 萬美元債務，加起來便是 6 萬美元債務：其中一名持有 2 單位 sBTC，每 1 單位價值 1 萬美元；另一名持有 100 單位 sETH，每 1 單位價值 200 美元；還有 1 名持有 2 萬單位 sUSD，每 1 單位價值 1 美元。每人都依比例擁有 33.3% 債務。如果比特幣價格跳一倍來到 2 萬美元，以太幣價格激升至 1 千美元，債務總額便成長至 16 萬美元，就等於 4 萬美元（sBTC）加 10 萬美元（sETH）加 2 萬美元（sUSD）[33]。因為每一名交易者都承擔 33.3% 債務，也就是約為 53,300 美元，即使比特幣價格跳一倍，也只剩 sETH 持有者賺錢。如果比特幣價格跌至 5 千美元、以太幣掉到 1 百美元，那麼債務總額就縮水至 4 萬美元，反倒是 sUSD 持有者成為唯一賺錢的交易員。詳細說明請參見附圖 6.11。

　　這座平台有一處原生的去中心化交易所，將採取預言機報價的利率交易任何兩種 Synths。交易員將交易費付給 SNX 持有者可依循債務比例贖回的費用池。合約強制規定，SNX

持有者唯有在保持與自己債務比例相對充裕的擔保率時，才可以贖回自己的費用。鑄造 Synths 並參與權益質押獎勵所需的擔保率很高，目前是 750%。Synthetix 協定也藉由通膨鑄造新的 SNX，以獎勵在生態系統中貢獻價值的各方利害相關人，並配發獎賞當作獎金誘因，以便維持高擔保率或是提升 SNX 的流動性。

附圖 **6.11　Synthetix** 的機制

　　值此撰文之際，共有三十六種加密貨幣外加七種外匯可供交易，Synthetix 也允許用戶交易特定證券、黃金和石油。這套協定也開始提供二元選擇權（binary option；譯按：衍生性投資工具，只有看漲或看跌兩種結果）交易介面，近一步擴充自身功能。這座平台沒有針對價格饋送的滑價，因此可以輕易地吸引人氣；然而，匯聚的流動性與共享債務模式將帶來有趣的挑戰（請參見附表 6.7）。

附表 6.7　**Synthetix** 解決的問題

傳統金融問題	**Synthetix** 解方
集中式掌控：一般來說，資產只能在已經註冊的交易所買賣	在某一處平台提供可以追蹤現實世界資產的合成資產
有限獲取：獲取某些資產受到地域性限制	任何人都可以造訪 Synthetix 買賣 Synths。有些限制最終可能適用本身即為證券的 Synths
效率低落：隨著交易者蠶食流動性池，購買大型資產因此受到滑價所累	Synths 匯率受到某種價格饋送支持，這樣一來便可消除滑價
缺乏互操作性：諸如股票等現實世界的資產無法輕易地直接表現在區塊鏈上	真實資產的 Synths 代表性完全可與以太坊及其他去中心化金融協定兼容並存
不透明：在傳統的衍生性商品市場中缺乏透明度	所有基於協定的專案與功能都由一支去中心化自治組織資助並投票決定

代幣化

代幣化意指在鏈上或鏈下取走某種資產或資產包的過程，並同時有以下特徵：

一、代表鏈上可能附帶少量所有權的資產

二、創造一種持有一定數量基礎代幣的複合性代幣

代幣可以根據用戶希望它具備哪些屬性類型而符合不同規格。如前所述，人氣最高的代幣標準是 ERC-20 這種同質化代幣標準。代幣具有非獨特性、可彼此互換的單位（例如美元），於是介面便抽象定義它應該如何依規行事。另一個選擇是 ERC-72 標準，它定義非同質化代幣。這些代幣都具有獨一無二的特性，好比某種代幣代表一件精緻藝術品或一款遊戲中特殊數位資產的所有權。去中心化金融應用程式可以善用這幾套與其他標準，只要為這些單一標準編寫程式碼，就可以支援任何套用標準的代幣。

⚙ Set Protocol

　　Set Protocol[34] 提供「複合性代幣」的代幣化做法，它不是將非以太坊的資產代幣化，而是結合以太坊代幣組成複合性代幣，因為後者的功能比較像是傳統的指數股票型基金。Set Protocol 會將加密資產組合成 ERC-20 代幣 Sets，它完全交由託管在智能合約中的組成要素擔保，並永遠可以贖回這些組成要素。

　　Sets 可以根據交易策略呈現靜態或動態。靜態 Sets 簡單易懂，單純被置入投資者關注的代幣包，由此生成的 Sets 幣可以當作單一個單元轉移。動態 Sets 則可定義交易策略，決定何時可以重新配置以及什麼時間點進行。有些實例包括「移動平均線（Moving Average；譯按：檢查資產價格變動並減少隨機價格峰值影響的指標）」Sets 在內，指的是任何時候以太幣跨越 X 日的簡單或指數加權的移動平均線，它就會在 100% 以太幣與 100%USDC 之間位移。這些 Sets 就像一般的指數股票型基金一樣會收取費用，有時候也會提供與績效相關的誘因。經理人打造這些 Sets 時會預先為費用編寫程式碼，這樣一來就能直接支付經理人那種特定的 Sets 費用。可用的費用選項是購買費（申購手續費）、串流費（經理費）

與績效費（高水位線的獲利比率）。Set Protocol 目前本身並不收費，不過未來有可能會增加費用，其的價格與報酬都是通過 MakerDAO 公開可用的預言機價格饋送計算得出，Synthetix 也同樣使用這套方式。動態 Sets 的主要附加價值在於，交易策略的程式碼被公開編寫在智能合約中，這樣用戶就能精確知道自己的資金如何被配置，也可以輕易地隨時贖回。

Set Protocol 具備社群交易功能，在此用戶可以購買一單位 Sets 幣，它的整套投資組合僅限於重新分配權限掌控在單一交易者手中的特定資產。因為這些投資組合是主動式管理，因此它們的運作方式比較像是主動式基金或避險基金。好處也差不多，亦即投資組合經理人可以從預先定義的資產組合中挑揀，用戶則受惠於合約強制規定的透明度。

舉例來說，一名 Sets 投資組合經理人肩負一個「買低賣高」以太幣的目標。他們唯一可用的資產就是以太幣與 USDC，而且唯一獲准的配置方式就是 100% 以太幣與100%USDC。在他們自行決定的權限內，可以觸發一種合約功能以便完全再平衡投資組合，組成一種或其他類型的資產；

這是他們唯一獲准可以自行決定的配置方式。假定他們是從
1千單位 USDC 開始。以太幣價格跌至 100 單位 USDC 兌換
以太幣，於是他們決定買入。此時他們可以觸發再平衡，在
Sets 幣中加入 10 單位以太幣。要是以太幣價格跳升至 200 美
元，現在整套 Sets 的價值便高達 2 千美元。擁有 10% Set 的
股東就可以用 1 單位以太幣贖回他們的股份。

　　未來，Sets 可以通過把點對點做得更到位進而普及化財
富管理，允許基金經理人透過非傳統管道獲取投資機會，並
提供所有投資者接觸最頂尖經理人的途徑。許多 Sets 善用的
進階強化之道就是將 cTokens 這種 Compound 平台投資的代
幣版本加入到組成要素之中。介於再平衡之間的代幣會通過
Compound 協定賺取利息，這就是一個去中心化金融平台被
加以組合，並為投資者創造全新產品與價值的實例。

附表 **6.8**　設立協定解決的問題

傳統金融問題	Set Protocol 解方
集中式掌控：基金經理人可以違背投資者的意願掌控他們的資金	在智能合約層級上強制規定，投資者對自己的資金具有主權

（續）

有限獲取：有天分的基金經理人經常無法獲取機會與資本，以便操盤一支成功的基金	允許所有人都可以成為基金經理人，並展示他們運用社群交易功能的技巧
效率低落：許多情況是源自過時的實務	交易策略的程式碼被編寫在智能合約中以便最優化執行。
缺乏互操作性：難以結合資產組成全新的產品包，也難以將結合的資產納入全新的金融產品	Sets 代幣是符合 ERC-20 的代幣，可以在其他去中心化金融協定中單獨使用。舉例來說，Aave 允許可以針對某些高人氣設定幣借款與放款設立平台上的代幣。
不透明：在任何既定時間點都難以知道某一支指數股票型基金或共同基金的資產明細	Sets 代幣採用的策略與配置完全透明

⚙ Wrapped Bitcoin（WBTC）

　　WBTC[35] 是使用應用程式將具有代表性的鏈下資產放在鏈上以便操作代幣化，特別是比特幣。抽象解釋是，WBTC允許比特幣被納入所有以太坊原生的去中心化金融平台上，當作擔保品或是流動性。考慮到比特幣相對來說波動性較低[36]，而且依市值計算已經是最廣為接受的加密貨幣，這種特性正好為去中心化金融的 DApp 釋出龐大的潛在資金池。

WBTC 生態系統涵蓋三大關鍵利害相關人：用戶、商家與託管人，用戶單純就是交易者及去中心化金融參與者，他們對有關 WBTC 的價值主張產生需求，也就是指在以太坊上經過代幣化的比特幣。用戶可以透過轉帳比特幣，並執行列為必要條件的「身分驗證（Know Your Customer，KYC）／反洗錢（Anti-Money-Launderin，AML）」程序，向商家購買 WBTC，進而將 WBTC 的入口點與出口點集中式並倚賴鏈下信任及基礎建設。商家負責轉帳比特幣給託管人。在轉帳期間，商家對著鏈上的以太坊智能合約發出訊號，表明託管人已經承擔託管比特幣的責任並獲准新鑄 WBTC。託管人採用產業標準的安全機制託管比特幣，直到有人從 WBTC 生態系統將它提領出去為止。一旦託管人確認收件，就可以觸發新鑄 WBTC 程序，繼而釋出 WBTC 給商家。最終，商家轉帳 WBTC 給用戶便可結案。

沒有單一名參與者可以掌控鑄造並銷毀 WBTC，所有進入系統的比特幣都要通過驗證託管鏈上資金的交易收據進一步接受審計查核。這些保護措施提升系統的透明度，同時降低系統與生俱來的用戶風險。因為這套網路是由商家與託管人組成，任何欺詐都可以很快地就從網路中被清除，因此總體成本遠低於單一的集中式實體產生的成本。商家和託管人進出網路的機制是一個多重簽名錢包，由一支 WBTC 去中心化自治組織所掌控。在這個範例中，去中心化自治組織並未擁有治理型代幣；反之，一批可以增加並移除所有人名單的所有人掌控這支去中心化自治組織。這紙合約目前允許最多五十名所有人，行使法權以利變更的最低門檻則是十一人。如果一系列條件都符合的話，五十與十一這兩個數字也可以變更。這套系統比其他我們探討過的治理型機制更加集中式，不過比起允許單一名託管人掌控所有 WBTC，還是稱得上更去中心化一些。

CHAPTER 7

風險

　　正如我們在之前的章節所強調，去中心化金融允許開發者打造全新型態金融產品與服務，拓展金融科技的可能性。

　　雖然去中心化金融可以消除交易對手風險，即除去中介機構並允許採用無需信任的方式交易金融資產，但所有創新科技都會引進一系列全新風險。我們若欲提供用戶及機構一套強健、容錯的系統，還可以大規模處理全新金融應用程式，就必須面對並妥善降低這些風險；否則，去中心化金融將依舊是一門探索性的科技，進而限制應用、接納與吸引力。

　　今日，去中心化金融面臨的主要風險是智能合約、治理、預言機、擴充、去中心化交易所託管、環境及監管。

智能合約風險

近十年來，聚焦加密技術的產品首推交易所，但至今一再遭到駭客攻擊[1]。雖說許多這些情境發生是出於不良的安全實務，但它們都展現一個重點：軟體格外容易受到駭客攻擊與開發者的不當行為所影響。區塊鏈可以憑藉自身獨特的屬性消除交易對手風險之類的傳統金融風險，但是去中心化金融立足於程式碼基礎之上，這個軟體基礎提供攻擊者的表層遠大於傳統金融機構的威脅媒介。正如先前所討論，公共區塊鏈是開放系統，任何人部署完程式碼之後就可以進入區塊查看並互動。由於它經常負責儲存並轉移區塊鏈的原生金融資產，因此引進一種全新的獨特風險，這種全新的攻擊媒介被稱為智能合約風險。

去中心化金融的基礎是一種被稱為智能合約的公共電腦程式碼，1997 年，美國法學與密碼學家尼克・薩博（Nick Szabo）第一次在論文中提出[2]，對主流工程實務來說是一種全新做法，因此解決智能合約的漏洞與程式錯誤的解方至今仍在開發中。最近中國區塊鏈金融平台 dForce、美國保證金借貸平台 bZx 遭受駭客攻擊就顯示出智能合約編寫程式碼的脆弱性，因此安全審查公司 Quantstamp、Trail of Bits 與 Peckshield 紛紛崛起，以便填補實務應用最佳化與智能合約專業知識之間的落差[3]。

智能合約風險可能表現為程式碼中的邏輯錯誤，好比任何軟體中常見的典型程式錯誤；也可能是經濟漏洞，使得攻擊者可以從平台中提領遠超過預設功能性的資金。舉例來說，試想一份預設為暫時交由第三方託管存款的智能合約，可能來自任何用戶手中特定的 ERC-20，要轉帳全部餘額給抽中樂透獎的贏家，這份合約追蹤內部有多少單位代幣，並在執行轉帳時套用這個數字當作轉帳金額。在這個假設中，錯誤會出現在我們的合約裡。由於有四捨五入的誤差，因此合約內部數字會略高於合約持有代幣的實際餘額，當它試圖轉帳時將會轉出「太多」，導致執行任務失敗。如果沒有自動防止故障的安全機制，代幣就會被所在協定內無法運作。一般非正式稱呼這些代幣是「變磚（bricked）」的資金，無法恢復。

　　經濟漏洞則更微妙。程式碼的邏輯不會有明顯錯誤，具備經濟條件的對手卻有機會影響市場狀況，並以犧牲合約為代價不當獲利。舉例來說，試想一份合約扮演交換兩種代幣的角色，還會透過查看鏈上其他地方另一份類似合約的匯率，進而提供同樣匯率並進行微調以便確定價格交易政策（另一處交易所正為這份特定合約扮演價格預言機的角色）。一旦範例中預言機交易所的流動性明顯比主要交易所的還要低，經濟漏洞的可能性便會冒出來。資金條件雄厚的對手可以在預言機交易所大量拋售以便操縱價格，一邊又繼續在主要交易所購買更多以便利用價格變動牟利。最終的實際結果是攻擊者可以藉由操縱低流動性預言機在高流動性交易所製造折扣價格。

　　若考慮到閃電貸允許任何以太坊用戶為單次交易備妥充裕資金，經濟漏洞就變得更棘手。設計協定必須格外小心，以免在單筆交易中被大規模市場波動操縱。比方說有一種利用閃電貸經濟漏洞的方式，被稱為閃電攻擊（flash attack）。2020 年 2 月，一系列高調的閃電攻擊衝著基於 bZx 協定並類似 Compound 的放款市場 Fulcrum 而來 [4]。攻擊者挾著閃電貸轉出部分資金購買槓桿的空頭部位，並利用其他資金操縱這個空頭部位依據的預言機交易所價格。隨後攻擊者獲利了結這個空頭部位，解除市場交易並償還閃電貸，最終淨賺幾近30萬美元，相當於之前在 bZx 持有的價值，而且頭期成本幾乎是 0。

最廣為人知的智能合約攻擊發生在 2016 年。2016 年 4 月 30 日，德國初創商 Slock.it 為區塊鏈風險投資商設計的第一支去中心化風險投資基金問世 5，吸引 14% 當時所有可用的以太幣。2016 年 5 月，去中心化自治組織代幣開始交易，但程式碼的關鍵部分有兩行指令順序錯誤，在確認駭客是否有權提領之前就先允許反覆提領以太幣，這個缺陷被稱為可重入（reentrancy）漏洞。2016 年 6 月 17 日，一名駭客先領走合約中 30% 的價值，之後又有一支名為羅賓漢集團（Robin Hood Group）的組織領光剩餘 70% 的價值，並承諾將把所有以太幣物歸原主。原始合約有一段內置二十八天的保留期，之後才能提領資金，以太坊社群於是展開熱烈討論是否應該通過打造硬分叉重寫歷史，這樣一來便會消除駭客攻擊。最終，這支團體決定採取硬分叉，將以太幣物歸原主。原始舊有協定變成以太坊經典（ETC），保留原先不可變更的紀錄。2016 年 7 月，美國證交所宣布，去中心化自治組織代幣是證券，去中心化自治組織倡議於是終止。

諸如此類的漏洞不計其數。駭客從 dForce 的 Lendf. Me 放款協定中竊取 2,500 萬美元。有趣的是，絕大部分的 Lendf.Me 程式碼都是從 Compound 拷貝過來。事實上，「Compound」這個詞在合約中出現四次。Compound 執行長如此評論：「要是一項專案沒有開發自有智能合約的專業知識……這就是一個徵兆，表示它們不具備深思安全問題的能力或意圖。[6]」

2021 年 2 月發生一場規模較小但很吸睛的攻擊。目標是 Yearn Finance 這座收益聚合器（yield aggregator）平台，在此用戶將資金存入分配給其他去中心化金融協定的池中，以便最大化原始投資者的收益[7]。這場交易包括採用 Compound、dYdX、Aave 與 Uniswap 轉帳代幣一百六十一次，花費超過 5 千美元的礦工費[8]。它涉及超過 2 億美元的閃電貸。

在智能合約程式碼能開發出最佳應用實務，且複雜的合約還能具備足以處理高價值交易的必要韌性之前，還有一條漫漫長路要走。只要智能合約風險危及去中心化金融領域，用戶就會遲遲無法信任應用程式賴以互動及託管資金的合約，應用程式獲得的信任與採用情況也會因而受創。

治理風險

編寫程式碼的風險不是新聞，事實上，打從半個多世紀之前現代運算技術露出曙光以來，它們就一直都在。它們是衝著諸如 Uniswap 等協定而來的唯一威脅，因為其應用程式都是自主運作，而且受到智能合約掌控。其他去中心化金融應用程式則不是單純倚賴自主運行的程式碼。舉例來說，之前介紹過的 MakerDAO 這個去中心化信貸工具便取決於人為控制的治理過程，它會主動調整協定參數以便維持系統的償付能力，而這也帶來去中心化金融領域獨有的治理風險。

協定治理意指有能力改變協定的代表物或流動的民主機制[9]。用戶與投資者若想參與治理過程，必須先獲取已經在流動市場被明確指派權利的代幣。一旦持有者拿到代幣，就可以用來投票決定協定變更事項並指引未來方向。治理型代幣通常有固定供給量，有助抵禦任何獲取多數決權利（即51%）的企圖；儘管如此，它們仍有將協定暴露在惡意行動者掌控的風險。諸如 Automata[10] 的全新專案允許用戶直接買進治理投票權，將可能加速惡意或敵意治理的威脅。

在傳統企業中，激進派投資者可能會買進股票，並以投票帶領公司傾向自己希望的方向。附帶治理型代幣的去中心化金融協定大同小異，唯獨治理系統啟動時間遠遠早在協定生命週期的初階段，因此增加風險。不僅如此，在傳統企業中，即使主動派投資者也受到法律強制信託，必須對少數股東負起「忠誠義務」，但是去中心化金融不存在此類規範。

2021 年 3 月 13 日，有一場治理攻擊衝著跨鏈穩定幣 True Seigniorage Dollar（TSD）而來。在當時，開發者對去中心自治組織的掌控權僅有 9%。攻擊者陸續買入 TSD，直到握有 33% 去中心化自治組織的掌控權，隨後便提議一套時施放案並投下贊成票。攻擊者增添程式碼，為自己新鑄 1,150 京單位 TSD，然後在 Pancakeswap 平台上賣出 118 億單位 TSD 代幣[11]。

預言機風險

　　預言機是去中心化金融中懸而未決的新問題之一，但多數去中心化金融協定都需要它才能正確運作。根本上來說，預言機瞄準的是這個簡單問題：鏈下數據如何才能安全地被呈報到鏈上？少了預言機，區塊鏈完全是自我封閉的情況，除了被加入原生區塊鏈的交易之外毫無外部世界知識。許多去中心化金融協定要求獲取安全、防止竄改的資產價格，以便確保清算和預測市場解方功能等例行操作正常運行，而仰賴這些數據饋送的協定就可能遭遇預言機風險。

　　預言機對自己協助支援的系統構成重大風險，特別是當預言機的貪污成本遠低於攻擊者從貪污行動獲取潛在利潤，它就極端容易受到攻擊。

　　至今，市場已經導入並納用三大類型的預言機解方。第一類是謝林點（Schelling-point；譯按：可以想成聚焦點，指的是一個問題能否找到解方，很大程度取決於各方的共識直覺而非邏輯推論）。預言機倚賴固定支應代幣的所有者針對事件的結果投票或是回報資產價格，這種類型預言機的範例包括 Augur 與 Universal Market Access（UMA）[12]。雖說謝林點預言機倚賴它們協定中的保留去中心化組成要件，卻深受解決時的速度過慢所苦。第二類是一種應用程式介面（application programming interface，API）預言機，這種集中式實體採取非同步方式回應數據或價格要求，範例包括 Provable、Oraclize 與 Chainlink[13]。所有倚賴應用程式介面打底的系統都必須信任數據提供者以便精確回應所有詢問。第三類預言機是客製、特定用於應用程式的預言機服務，專屬造市商與 Compound 採用，它的設計不一而足，全視協定的開發要求而定。舉例來說，Compound 倚賴受到 Compound 團隊掌控的單一數據提供者，以便為 Compound 預言機提供所有鏈上的價格數據。

至今存在的預言機對倚賴它們的去中心化金融協定來說，其實代表最高風險。所有鏈上預言機都很容易受到搶跑交易影響，也因為套利者而損失上百萬美元[14]。除此之外，諸如 Chainlink 與 Maker 的預言機服務遭受造成嚴重後果的中斷影響，並為下游帶來災難性衝擊[15]。直到預言機能夠直接產生於區塊鏈上，變得足夠強固與被證明有足夠的韌性之前，對當今的去中心化金融來說，它們仍代表最龐大的系統性威脅。

擴充性風險

　　正如我們所討論，以太坊和其他工作量證明（共識機制）的區塊鏈已經有固定的區塊規模。就一個區塊成為鏈帶一環來說，每一名以太坊礦工都必須在自己的機器執行所有內含的交易，但是預期每一名礦工都能處理所有全球金融市場的金融交易根本是異想天開。當前現行的以太坊版本有每秒最大化處理三十筆交易的限制，但今日幾乎所有去中心化金融都駐留在這條區塊鏈，以太坊比起每秒可以處理六萬五千筆以上交易的 Visa，實際上有能耐處理的吞吐量不到 0.1%。因以太坊缺乏可擴充性，去中心化金融具有無法滿足必要需求的風險，因此各方正致力於提升以太坊的可擴充性，或是另尋可以更從容處理更高交易量的替代區塊鏈取代以太坊。至今，以太坊引頸企盼已久的第二套版本尚未實施，然而，諸如 Polkadot、Zilliqa 與 Algorand 這些全新平台正為擴充性風險提供一些解方[16]。

　　一個積極尋求解決問題的方法是一套全新共識的演算

法，即第三章介紹過的權益證明。權益證明將能取代挖礦（這一步可能還需要等待一段時間），將資產權益質押在下一個區塊，多數規則和工作量證明相差無幾。在加密貨幣與去中心化金融，權益質押是一個重要概念，意指用戶暫將資金交由智能合約中的第三方代管，如果他們偏離預期行為，便將受到處罰（即削減資金）。

權益證明中的惡意行為發生在針對好幾個候選區塊投票時，這項舉動顯示出缺乏識別能力並扭曲投票人數因而受罰。權益證明的安全性是基於這一個概念，試舉以太坊的以太幣為例，惡意行為者必須累積的質押資產將遠多於鏈上全體其他質押者。這道目標實不可行，因而產生類似工作量證明的強大安全性。

垂直與水平擴充是額外兩套加大區塊鏈吞吐量的通行手法。垂直擴充是將所有交易流程集中在單一的大型機器中，這種集中式做法能夠降低以太坊這類工作量證明區塊鏈相關的通訊流程開銷（即交易／區塊延遲），但會由一部機器負責系統中多數流程的集中式架構。諸如 Solana[17] 之類的區塊鏈依循這種做法，可以實現每秒處理五萬筆以上交易。

　　然而，水平擴充將系統的工作切分成好幾大部分，保留去中心化，但是通過並行結構提升系統的吞吐量。以太坊 2.0 採用這種稱為分片（sharding）的做法，與權益證明共識演算法結合。以太坊 2.0 的技術架構 [18] 與 Solana 這類垂直擴充的區塊鏈涇渭分明，但是兩者的改進之處大同小異。以太坊 2.0 採用好幾套區塊鏈水平擴充，可以實現每秒處理五萬筆以上交易。以太坊 2.0 的開發已經延遲好幾年，但涵蓋一串不附帶任何智能合約支援的基本區塊鏈的主網路可能在 2022 年上線，目前以太坊 2.0 還沒為諸多水平擴充的區塊鏈敲定最終版本寄發交易的功能規格。

　　另一個具備降低擴充性風險潛力的構想是以太坊 Layer 2 解決方案。Layer 2 意指建立在區塊鏈上的解方，它倚賴加密技術與經濟擔保，以便維繫開發者期望的安全層級。交易可以採取抵禦惡意行為者的形式簽名並聚合，但是除非存在某種差異，否則不直接發布在區塊鏈上。這一步可消除固定的區塊尺寸與速率限制，以便容納更高吞吐量，目前有些 Layer 2 解方已經上線。

　　隨著以太坊的交易費用上漲到超高水準，Layer 2 的使用量持續停滯不前。這塊領域開發緩慢，許多活躍解方欠缺外界為智能合約或去中心化交易所提供支援。Optimistic Rollup 這個尚處於開發階段的構想就是一個將交易從鏈下聚合匯總成單一摘要的過程，這個單一摘要每隔一段特定時間就會被呈交到鏈帶上，唯有手握債券（權益）的聚合器可以組合並呈交這些摘要內容。重要的是，除非某人對這個狀態提出挑戰，否則它會被假定為有效。倘使挑戰出現了，加密技術可以證明聚合器是否發布錯誤狀態。隨後舉證者將會獲得部分惡意聚合者的債券當作獎勵（與保管人機制雷同）。Optimistic Rollup 雖然前景看好，但還沒為主網路提供功能，而且需要昂貴的欺詐證明並頻繁發布 Rollup 交易，因而限制自身吞吐量並增加平均的交易成本。

　　許多做法都鎖定降低今日去中心化金融面臨的擴充性風險，但是這塊領域還看不到唯一的贏家。只要去中心化金融的成長受限於區塊鏈的可擴充性，應用程式也必將受到潛在衝擊所限。

去中心化交易所風險

　　當今人氣最爆棚的去中心化金融產品反映出我們在傳統金融圈所見。去中心化金融的主要用途是獲取槓桿、交易和得到合成資產的接觸機會。交易一如預期地名列鏈上最活躍的活動首位，而諸如 ERC-20 代幣、Synthetics 等全新資產的加入，使得去中心化交易所蓬勃發展。這些去中心化交易所的設計與架構即使大異其趣，但全都是為了解決同一個問題：如何打造最優質的去中心化場所以便交易資產。

　　以太坊上的去中心化交易所格局是由兩大主要類型所構成：自動造市商與訂單簿撮合。兩大類型的去中心化交易所在架構上互不相同，風險狀況也各異。然而，自動造市商是至今最受歡迎的去中心化交易所，因為它們在消除傳統交易對手的風險之際，允許用戶在去信任化而且安全的前提下交換資產。自動造市商借道將交易流動性儲存在去信任的智能合約中，提供用戶在交易配對中即時獲取報價。Uniswap 或許是最廣為人知的自動造市商範例，也稱為常數函數造市商

（Constant-Function Market Maker，CFMM）。Uniswap V2 倚靠兩種資產的乘積確定交換價格，一旦資產在交易中完成交換，池中的流動性總量便會決定滑價。

Uniswap 之類的常數函數造市商優化用戶體驗與便利性，但犧牲絕對報酬。常數函數造市商的流動性提供者通過將資產存入池中賺取收益，因為這座池會向每一樁買賣收取一筆費用，流動性提供者便受益於高交易總量。這座池也因而吸引流動性，同時卻將流動性提供者暴露在智能合約風險與非無常損失當中，當池中兩種資產具有不相關的報酬與高度波動，這種情況就會發生 [19]。這些屬性允許套利者從資產波動與價格差異獲利，進而減損流動性提供者的短期回報，要是資產價格變動過大，還會將他們置於風險中。諸如 Cap[20] 之類的自動造市商有能耐藉由預言機確定交易價格並動態調整定價曲線，以防套利者利用流動性提供者牟利，進而降低非無常損失，不過非無常損失至今依舊是多數運作中的自動造市商的重大問題。

2021 年 5 月 5 日，Uniswap 推出 V3。V2 與 V3 之間的關鍵差別在於流動性提供者可以在一個自行定義的範圍中配置資金（原本常數函數造市商的範圍不受限制，而且可能無上限）。這一步創造出個人化價格曲線，而且交易者可以和所有這些曲線的流動性總量相互作用。考慮到特別明定範圍的能力，V3 稍有類似限價訂單系統。

鏈上訂單簿去中心化交易所有一系列形式不同但普遍存在的風險，這些交易在打底的區塊鏈上運作，因而經常蒙受內生於區塊鏈的擴充性議題與精密的套利機器人搶跑交易所擾。由於低精密度造市商存在，訂單簿去中心化交易所通常也有龐大的利差。雖說傳統金融可以倚靠包括 Jump、Virtu、DRW 與 Jane Street[21] 等精密的造市商，但受限於去中心化金融市場和提供它們鏈上流動性所需的繁複運算基礎建設，訂單簿去中心化交易所的每一組資產配對經常被迫要倚賴單一家造市商。隨著市場日益演化，我們期待拆除這些障礙，好讓更多傳統的市場造市商進入這套生態系統中；然而就目前來說，這些絆腳石築起高聳的進入障礙。無論如何，自動造市商與訂單簿去中心化交易所都有能耐消除競爭對手風險，同時提供交易員一座非託管並且去信任的交易平台。

有些非集中式的交易所採用完全置身鏈下的訂單簿，一邊保留非託管的去中心化交易所，另一邊則是規避鏈上訂單簿去中心化交易所帶來的造市與擴充性問題。這些交易所一邊在鏈上結算所有部位進出，另一邊維持限價簿完全置身鏈下以發揮功能，這便允許去中心化交易所得以避免鏈上訂單簿去中心化交易所面臨的擴充性與用戶體驗問題，同時也提出一系列關於監管與法規的獨立問題。

雖說當今去中心化交易所產業充斥大量風險，但是技術持續進步加上市場玩家的精密度提升，它們應該會隨著時間拉長而日益消退。

託管風險

　　託管有三大類型：自主託管、部分託管與第三方託管。就自主託管而言，用戶開發自己專屬解方，有可能是不與網路連結的隨身碟、硬碟或是保管用裝置。部分託管結合自主託管與諸如 Bitgo 之類的外部解方，當駭客攻擊外部供應商時會提供不充分資訊並試圖重新打造私鑰，然而如果是用戶遺失私鑰，結合外部解方就可以重新生成私鑰。最終選項就是第三方託管，許多傳統上聚焦集中式金融託管的企業，好比富達數位資產（Fidelity Digital Assets），現在紛紛提供去中心化金融解方。

　　一般來說，散戶投資者眼前有兩大選項。第一是自主託管，由用戶完全掌控自己的鑰匙，包括硬體錢包、網路錢包（好比 MetaMask 這種將密鑰藏在瀏覽器的產品）、桌面錢包，甚至是書面錢包。第二是託管錢包，由第三方持有私鑰，典型範例就是 Coinbase 和幣安。

　　自主託管最顯而易見的風險就是私鑰遺失或是被鎖定。2021 年 1 月，《紐約時報》刊登一則報導，有一名軟體工程師採用硬體錢包卻忘記密碼 [22]。錢包裡面有價值 2 億 2 千萬美元的比特幣，而且允許嘗試輸入十次密碼，但要是都失敗，所有數據將毀於一旦。這名軟體工程師只試了兩次就成功。

　　接受委託的託管業務也涉及風險。舉例來說，如果一處交易所持有私鑰，有可能會被駭並遺失鑰匙。多數交易所採用冷儲存（cold storage）保管大批私鑰，也就是存放在不與網路連線的儲存工具中。儘管如此，交易所遭受攻擊的事件依舊頻傳，包括 2011 年至 2014 年，交易所 Mt. Gox 損失 85 萬單位比特幣；2012 年，比特幣兌換平台 Bitfloor 損失 2 萬 4 千單位比特幣；2016 年，交易所 Bitfinex 損失 12 萬單位比特幣；2018 年，交易所 Coincheck 損失 5 億 2,300 萬單位新經幣（New Economy Movement，NEM），當時價值 5 億美元；還有 2019 年，幣安損失 7 千單位比特幣 [23]。攻擊事件已經變得不那麼頻繁。諸如 Coinbase 這些集中式交易所甚至提供保險。所有這些攻擊都是衝著集中式交易所而來，正如我們之前所回顧某些發生在去中心化交易所的攻擊。

環境風險

　　比特幣和以太坊使用的工作量證明共識機制要求龐大電力以便供應算力，這一點既是優點也是缺點。算力為它們的網路提供前所未有的安全性，目前來說，競爭者透過獲取足夠雜湊算力以竄改區塊的企圖仍不可行，然而，考慮到一般採用的能源大都是石化燃料，這種現象也是一大弱點。

　　多數去中心化金融活動駐留在以太坊區塊鏈這串工作量證明的區塊鏈，然而正如我們先前所述，以太坊 2.0 發布之際，便承諾改採權益證明以便大幅提高能源效率。其實許多去中心化金融應用程式已經改用權益證明打底的替代區塊鏈。重要的是，考慮到工作量證明也允許每秒實現更大量交易，因此有些強力誘因早已超越環境衝擊層面轉向權益證明。

　　雖說眼前有一條明確途徑可以讓以太坊更友善環境，套在比特幣上卻行不通。我們認為，比特幣很難改變它的共識機制，因為短期來說會為自己招致風險。國家級監管單位很可能會讓置身石化燃料發電地區的礦工更難辦事，然而，這將為冰島之類能源無法出口的國家創造商機，因為它們是採用便宜的潔淨能源發電。今時今日，冰島主導全球約 8% 的挖礦工作。

監管風險

隨著去中心化金融市場與影響力水漲船高，將面臨更嚴密的監管審查。以往，主要的集中式現貨和衍生性商品交易所一向被美國商品期貨交易委員會（Commodity Futures Trading Commission，CFTC）無視，近來卻被迫要遵循「身分驗證／反洗錢」法律規定[24]，看起來去中心化金融會是下一個。諸如 dYdX 這些去中心化衍生性商品交易所已經必須採取地域封鎖手法，以阻止美國使用者造訪並使用特定交易所。雖說去中心化交易所的非託管、去中心化本質呈現出監管未來的法律灰色地帶，但毫無疑問，一旦市場擴大，法規就會伸手進來。

2018 年 12 月，一項名為 Basis 的知名算法穩定幣在監管擔憂下被迫關閉[25]，一則寄語未來同業的悲慘訊息至今仍刊登在官網首頁：「遺憾的是，我們不得不套用符合美國安全法規的系統，而其結果嚴重衝擊 Basis 運作的能力……因此，我只能忍痛宣布，我們已經決定將資金退還給我們的投資者，而這也意味著 Basis 專案將從此關閉。」[26] 去中心化金融為了應付監管壓力，出現了越來越多匿名的協定創辦人。2020 年稍早，一支匿名團隊推出原始 Basis 專案的分叉路線：Basis Cash[27]。

隨著證交所持續評估這些新資產是否能像證券一樣受到規範，許多去中心化金融專案發布的治理型代幣也正面臨越來越多審查。舉例來說，Compound 這座以太坊上的去中心化金融資金市場最近發行零內在價值或未來現金流權利的治理型代幣，這麼做其實是允許 Compound 避開證交所的證券監管，免除這家公司發行證券的責任。我們預計，未來將有更多專案依循 Compound 這個例子的腳步前進，也期待發行新代幣時能更謹慎行事；2017 年那陣首次代幣發行（initial coin offering，ICO）熱潮過後證交所祭出重罰，許多專案已經從中學到教訓[28]。

許多主要市值加密貨幣已被美國商品期貨交易委員會規定為商品，免除它們必須受到貨幣轉移法規約束。然而，包括紐約在內的幾個州都立法鎖定促進加密貨幣轉移與交易的經紀商[29]。隨著去中心化金融持續成長，已發行資產的總體數量一再擴大，我們期望看到針對去中心化金融協定與其用戶能有越來越具體而細微的監管出現。

站在監管的視角，加密貨幣徵稅作業尚未完全發展，會計軟體與鏈上監管才正要開始觸及主流的零售受眾。舉例來說，截至 2020 年 12 月 31 日，依據美國國稅局提議的草案要求，納稅人必須在 1040 號表格上呈報收到的任何（免費）加密貨幣，其中包括空投物資或硬分叉、加密貨幣交換的商品或服務、購入或售出加密貨幣、將虛擬貨幣兌換成包括另一種虛擬貨幣在內的其他財產，以及獲得或處置加密貨幣的經濟利益，將虛擬貨幣從一個錢包搬移到另一個錢包則不在此限。法規也明載，為換取勞務工作所支付的加密貨幣款項也得詳列在 W2 工資年結表中 [30]。

雖說政府持續主動探索去中心化金融的監管格局，每天都做出全新的法規決定，好比允許銀行託管加密貨幣 [31]，市場前景依舊一片模糊，許多既存問題一直都無法好好整頓。

如果任何某個國家（或是州）的監管環境過於嚴苛，新創者就會移往海外（或是另一州）；然而，要是監管過於

鬆散，許多消費者就會被剝削。監管機關必須找到適切的平
衡點，儘管那不是唯一的挑戰。這塊領域充滿技術挑戰，監
管單位需要投資大把時間加速趕上，即使經過培訓還是會發
現，考慮到變化日新月異，它們的既有知識正快速貶值。目
前監管機關遭遇的困境是在這塊領域徵才十分困難，因為有
潛力的員工雙手滿滿都是選項。

CHAPTER 8

結論：輸家和贏家

去中心化金融在去中心化、獲取、效率、互操作性及透明度等垂直領域提供凌駕傳統金融的吸睛優勢。去中心化允許社群集體共有金融產品，無須由上而下掌控，但是對一般用戶來說，這一點可能相當危險。就防止擴大財富差距而言，人人都能獲取這些新產品至關重要。

傳統金融中繁瑣、效率低下的層面最終將一般用戶的價值消磨殆盡，而去中心化金融與智能合約成功找回這些價值。去中心化金融共享的基礎建設與介面允許根本的互相操作性，遠非傳統金融世界所能企及。最終，去中心化金融的公共本質促進信任與安全性，與當今集中式系統的不透明性形成鮮明對比。

正如 Compound 的 COMP 代幣、Uniswap 的 UNI 代幣所展示的，去中心化金融甚至可以直接分配價值給用戶，進而提供刺激成長的誘因。流動性挖礦是藉由存入刺激流動性誘因的平台以便尋找報酬的實務做法，代幣分配與流動性挖礦已經吸引大量資本在極短時間範圍內流入去中心化金融。平台可以通過獎勵創新及促進永續的協定與社群來設計它們的代幣經濟，以便持續提供價值。

每一種去中心化金融的使用情境都有一些專屬的好處，也都存在著顯著的缺點與風險。舉例來說，一座重度仰賴集中式預言機的去中心化金融平台，其去中心化的程度永遠也不可能趕上如 Uniswap 這類不需要外部輸入就能運作的平台。此外，諸如 dYdX 這類平台的交易所帶有某些鏈下基礎建設，無法像不帶有鏈下組成要素的平台那樣具備相同等級的透明度與互操作性。

諸如擴充性與智能合約漏洞等風險仍困擾著所有去中心化金融，對於期待它成為主流採用方式來說，克服這些風險至關重要。要是打底的技術無法擴充以便服務廣大人口，去中心化金融的好處將僅限於最富有族群所用。無可避免的是，擴充性問題的這些解方將以放棄某些「純粹」的去中心化金融手法為代價，好比在一串「被分片」的區塊鏈上降低互操作性。這些好處與擴充性就類似網際網路及其他轉型性技術，將會隨著時間拉長而提升。智能合約風險永遠不會被消除，但是經驗傳承的智慧將在進步之際提供未來的最佳實務與產業知識。

我們也在此告誡盲目整合、層層堆疊卻未曾實踐完善盡職調查的 DApp，鏈串上最脆弱的環節將會壓垮整套系統。智能合約風險的嚴重性與創新及新科技整合的自然趨勢呈現等比成長，為此，眾所矚目的漏洞將持續像以前一樣危及用戶資金，這一點無可避免。別的不談，如果去中心化金融無法克服這些風險，它導致的結果仍然會使其發展潛力蒙上一層陰影。

去中心化金融的實質潛力是它的變革性。假定去中心化金融實現自身潛能，拒絕採用的企業有可能迷失方向並且被市場遺忘。隨著監管環境日益明晰，風險日益被完善理解，所有傳統金融企業都可以也應該開始將自家服務與加密技術及去中心化金融整合，這種採納過程可以被視為「去中心化金融前台化」，它省略繁瑣細節，提供終端用戶更簡便的使用體驗。

類似 Dharma[1] 這類初創企業正引領新一波進入去中心化金融的消費者狂潮，這種做法將遭受某些效率低下的層面所擾，不過最妥善整合技術並支持當地監管的企業將崛起成為勝利者，而其他對手則是逐一殞落。建立強大流動性護城河、提供最優越效用的去中心化金融協定將會成為進入主流採用的關鍵後台而欣欣向榮。

　　我們目睹一座正在搭建鷹架的閃亮新城市。這不是翻新現有結構,而完全是從零開始打造新結構。金融成為人人可用的普及服務,無論你是何方神聖,只要有好的想法都可以獲得資金挹注,10 美元的生意與 1 億美元的生意在此將被一視同仁。隨著龐雜繁瑣的中間層次被剔除在外,將會使得儲蓄率上升而借貸成本下降。最終,我們視去中心化金融為未來十年最龐大的商機,在此引頸期盼我們已知終將到來的金融重塑。

致謝

　　我們感謝丹・羅賓森（Dan Robinson）、史達尼・庫勒雪夫（Stani Kulechov）、約翰・馬托克斯（John Mattox）、安卓斯・帕克（Andreas Park）、陳鋒（Chen Feng）、肯・葛洛（Can Gurel）、傑佛瑞・胡普斯（Jeffrey Hoopes）、布萊恩・伯納特（Brian Bernert）、馬克・托雷多（Marc Toledo）、馬歇爾・史密茨（Marcel Smeets）、榮恩・尼寇（Ron Nicol）、丹尼爾・萊伯（Daniel Liebau）、蔣卡洛・貝托可（Giancarlo Bertocco）、陳喬許（Josh Chen）、刁羅倫（Lawrence Diao）、帝潘書（Deepanshu）、路易斯・蓋能（Louis Gagnon）、賀維・托普（Herve Tourpe）、維夏・庫瑪（Vishal Kumar）、朱利安・維列拉（Julian Villella）、張路遙（Luyao Zhang）、劉玉麟（Yulin Liu）、馬修・羅森丁（Matthew Rosendin）、保羅・席拉赫特（Paul Schlachter）、艾德・凱洛利斯（Ed Kerollis）、張珊珊（Sunshine Zhang）、亞許・帕帝爾（Yash Patil）與曼密特・辛格（Manmit Singh）協助撰寫草稿；露西・普麗絲（Lucy Pless）編製圖表，凱伊・傑特利（Kay Jaitly）提供編輯協助。

去中心化金融詞典

※ 楷體字表示在本章他處也有介紹定義的術語。

Address ｜位址

寄發交易的識別碼。衍生自用戶的公鑰，它又是源於非對稱金鑰加密所產生的私鑰。在以太坊，公鑰是 512 位元或說 128 個十六進制符號雜湊而成（亦即唯一代表），採用 Keccak-256 這種雜湊演算法，將公鑰轉化成 256 位元或是 64 個十六進制符號。最後 40 個進制符號就是公鑰位址，字串通常以「0x」開頭。

Airdrop ｜空投物資

將代幣免費配發至錢包中。舉例來說，Uniswap 治理就會空投 400 份代幣到每一個將以太坊當成自用平台的位址。

Anti-money laundering (AML) ｜反洗錢

一項共識型態的法遵規範，設計宗旨是偵查、呈報有關非法隱瞞資金來源有關的可疑活動。

Asymmetric key cryptography｜非對稱金鑰加密

一種確保通訊安全的手段。加密貨幣有兩支鑰匙：人人都可以看到的公鑰、只有擁有者才看得到的秘密私鑰。這兩支鑰匙採用數學方程式串連在一起，而且私鑰是用來衍生公鑰。以當前技術來看，循著公鑰反向導出私鑰實不可行（因此才稱為非對稱）。用戶可以收到寄發到公共位址的款項，然後使用私鑰開啟並花用。請參見對稱金鑰密碼學。

Atomic｜不能分割

假使任何合約條件未能被滿足，就會導致合約條款回復原狀，好似代幣從未離開起始點一樣。它是智能合約的重要特徵。

Automated market maker (AMM)｜自動造市商

一種智能合約，持有交易配對雙方的資產，並且會持續呈報買價及賣價。這份合約根據被執行的購入與售出動作，會更新投標和詢價背後的資產規模，並採用這個比率定義定價函數。

Barter | 以物易物

一種點對點交換機制，在此機制中買賣雙方的需求與供給都必須被滿足。舉例來說，A 有兩頭豬、需要一頭牛；B 有一頭牛、需要兩頭豬。關於以物易物是不是交易最早的形式，至今是各說各話。舉例來說，美國耶魯大學前助理教授大衛‧格雷伯（David Graeber）主張，最早的交易形式其實是由借方與貸方組成的形式。住在同一個村落的村民互贈「禮物」，根據社會共識，未來必須回報另一種通常價值更高（即利息）的禮物。由於共享同一個村落的住民不多，所以大家很自然也很方便地就都在心中默記這些交易。經過漫長多年後，隨著移民與戰爭崛起，硬幣開始登場發揮作用，好比戰爭稅就是最早的使用情境之一。

Blockchain | 區塊鏈

1991 年由哈波與史多內塔共同發行的去中心化帳本，其中每一個節點都有一套副本。使用者可以通過共識協定添加紀錄，但是不可更改，而且人人可見。

Bonding curve | 聯合曲線

一種智能合約，允許用戶採用固定的數學模型買進或賣出代幣。試想一個簡單的線性函數情境，假設代幣等於供給，第一顆代幣將需要支出 1 單位以太幣，第二顆代幣則是 2 單位以太幣，這種情境會獎勵早期參與者。有可能可以具有不同買入和賣出的聯合曲線，常見的函數形式是邏輯曲線。

Bricked funds ｜資金變磚

由於智能合約中出現漏洞，資金被困在合約中。

Burn ｜銷毀

從流通圈中移除代幣，進而減少代幣供給，通常藉由寄發代幣到無人擁有的以太坊位址或是無法花用的合約實現這一步。這是許多智能合約的重要部分，例如某人退出礦池並贖回基礎資產時就會發生。

Collateralized currency ｜擔保貨幣

由黃金、白銀或其他資產等擔保品支持的紙幣。

Collateralized debt obligation ｜擔保債權憑證

在傳統金融，好比是房貸之類的債權工具；在去中心化金融，一個範例就是一項加密資產超額擔保的穩定幣。

Consensus protocol ｜ 共識協定

在取得各方參與者同意後，在既有的區塊鏈中加入新區塊的協定。以太坊和比特幣都採用工作量證明，但是尚存許多其他機制，好比權益證明。

Contract account ｜ 合約帳戶

在以太坊上一種由智能合約控制的帳戶。

Credit delegation ｜ 信用委託

一個端賴用戶有能力配置擔保品給潛在借款人，好讓對方利用擔保品申借所需資產的功能。

Cryptocurrency ｜ 加密貨幣

數位代幣，採用區塊鏈技術，而且以加密形式保護並轉移。經典範例就是比特幣與以太坊。市面上存在許多不同類型的加密貨幣，諸如代表數位及非數位資產的穩定幣與代幣。

Cryptographic hash ｜ 加密雜湊函式

一種只表示輸入數據的單向函數，可以想成一顆獨一無二的數位指紋，即使輸入可以任意無限大，輸出卻是固定規模。雜湊值與加密不同，因為它無法將單向輸出的訊息回復成輸入的原狀。有一種很受歡迎的雜湊演算法即是安全雜湊演算法 256 位元（SHA-256），返回 256 位元或是 64 個十六進制符號。比特幣區塊鏈便是採用這種技術；以太坊則採用 Keccak-256。它也被稱為雜湊值或是訊息摘要（message digest）。

DApp

去中心化應用程式，允許所有點對點直接互動（亦即消除集中清算）。它們無須受到審核還可抗審查，任何人都可使用，不受中央機構掌控。

Decentralized autonomous organization (DAO) |
去中心化自治組織

一種演算法組織，在智能合約中編寫一組規則程式碼，規定誰可以執行什麼作為或是升級行動。通常涵蓋一種治理型代幣。

Decentralized exchange (DEX) ｜去中心化交易所

　　一個促進代幣採取非託管形式交易的平台。去中心化交易所有兩套流動性機制，即訂單簿撮合與自動造市商。

Decentralized finance (DeFi) ｜去中心化金融

　　一套不倚賴諸如銀行之類集中式機構的金融基礎建設。交換、放款、借款與買賣都是採用區塊鏈技術與智能合約在點對點的基礎上完成。

Defi legos ｜去中心化金融樂高

　　企圖通過結合多種協定以打造新協定的構想，有時候被指涉為去中心化金融貨幣樂高或是可組合性。

Digest ｜摘要

　　也稱為訊息摘要。請參見加密雜湊函式。

Direct incentive ｜直接誘因

　　與特定用戶的刻意行動相關的付款或費用，當作積極作為的獎勵。舉例來說，假設有一筆擔保債權憑證變成擔保不足。這種情況不會自動觸發清算；反之，必須有一名外部自有帳戶觸發清算，完成後就會給予獎勵（直接誘因）。

Double spend ｜重複花費

一個困擾 1980 與 1990 年代數位貨幣倡議的問題：數位資產可以完美複製，所以可以重複花費好幾次。2008 年，比特幣發明人中本聰撰寫的白皮書結合區塊鏈技術與工作量證明解決這道問題。

Equity token ｜資產型代幣

一種代表基礎資產或資產池所有權的加密貨幣類型。

ERC-20

ERC 是以太坊意見徵求的縮寫（Ethereum Request for Comments），是用以徵求與定義同質化代幣的協議，其所發行的每一個代幣效用及功能性都相同。比如說美元就是一種同質化貨幣，所有 20 美元紙鈔價值相當，二十張 1 美元紙鈔的價值也與一張 20 美元紙鈔相當。

ERC-721

以太坊用以徵求與定義非同質化代幣的協議，它們既獨一無二，也常常用來當作擔保品或特定資產，好比一筆貸款。

ERC-1155

以太坊用以徵求與定義多元代幣模型的協議，在此，一份合約可以持有好幾種代幣的餘額，無論是同質化或非同質化。

Ethereum (ETH) ｜以太坊

2015 年問世至今已成為第二大加密貨幣或區塊鏈，它的原生加密貨幣被稱為以太幣（ether；ETH）。以太坊的區塊鏈具備運行被稱為智能合約的電腦程式的能耐。它也被視為一座分布式運算平台，有時候被指涉為以太坊虛擬機（Ethereum Virtual Machine，EVM）。

Ethereum 2.0 ｜以太坊 2.0

一套改進以太坊區塊鏈的提議，採用水平擴充、權益證明共識與其他強化功能。

Externally owned account (EOA) ｜外部擁有帳戶

由特定用戶掌控的以太坊帳戶。

Fiat currency ｜法定貨幣

無擔保紙幣，本質上就是政府發行的借款憑證。

Fintech ｜金融科技

英文是金融（financial）加科技（technology）的縮寫，一般來說是指涉金融業的科技進步。廣義上涵蓋支付、交易、借款與放款領域的技術，多半也包括大數據和機器學習應用。

Flash loan ｜閃電貸

零交易對手風險和零存續期間的無擔保貸款，適用在不提出擔保品的情況下促進套利或再融資貸款。閃電貸交易對手風險，因為在一筆交易中，（a）產生一筆借貸案、（b）所有買、賣方採用的借貸融資作業都已完成，以及（c）借貸款項全額付清。

Flash swap ｜閃兌

具備某些去中心化金融協定的特徵，即智能合約在用戶拿交易配對的另一方資產支付這些代幣之前就先寄發代幣，帶有允許近乎瞬間即時套利，並允許拿出不同資產償還的彈性。這點與閃電貸不同，後者必須拿出同樣資產償還。有一個關鍵特徵就是所有買賣都發生在單一筆以太坊交易中。

Fork ｜ 分叉

在開源程式碼的情境中，對串連協定紀錄的現有協定進行一次升級或強化作業。使用者擁有選擇舊式或新式協定的權利，如果新協定比較完善，吸引充裕的挖礦力，它將會獲得優先考量。分叉是確保去中心化金融效率的關鍵機制。

Gas Fee ｜ 礦工費

執行交易與智能合約所需的費用。這套機制允許以太坊處理停機問題。

Geoblock ｜ 地域封鎖

通過杜絕應用程式的法規以便阻攔來自特定國家用戶的技術。

Governance token ｜ 治理型代幣

所有者對協定變更進行投票的權利。範例包括 MakerDAO 的 MKR 代幣與 Compound 的 COMP 代幣。

Halting problem ｜停機問題

一個陷入無限循環的電腦程式。以太坊藉由針對某個定量算力索取費用的做法解決這個問題。如果礦工費用罄，這項專案就會被中止。

Hash ｜雜湊

請參見加密雜湊值。

Hexadecimal ｜十六進制

一套以十六為基數的計算系統，包含前十碼的數字 0 到 9，加上字母表的前六個字母 a 到 f。每一種十六進制代表 4 位元，其中 0 為 0000，第十六位（f）則為 1111。

Horizontal scaling ｜水平擴充

一套將系統的工作區分為許多環節的手法，保留去中心化但是藉由並行化以便提升系統的吞吐量，也被稱為分片。以太坊 2.0 拿這套做法結合權益證明共識演算法。

Impermanent loss ｜無常損失

適用於自動造市商，在此合約持有交易配對雙方的資產。假設自動造市商在兩種資產之間施加固定匯率，兩種資產的市場價值都升值。第一種資產升值遠超過第二種，用戶抽乾第一種資產，合約就會只持有第二種資產。非無常損失就是，如果沒有交易發生的合約價值（兩種代幣的價值），減去合約被抽乾之後的價值（第二種代幣的價值）。

Incentive ｜誘因

　　一個用於獎勵有生產力作為的廣義用詞。範例包括直接誘因與權益質押誘因。

Initial DeFi offering (IDO) ｜首次去中心化金融發行

　　為全新代幣設定初始交易比率的方法。用戶可以是交易配對中的第一名流動性提供者，好比全新代幣和諸如 USDC 的穩定幣，基本上由用戶為全新代幣設定地板價，也就是最低入手價格。（編按：IDO 也被解釋為首次透過去中心化交易所發行 [Initial DEX Offerings]。）

Invariant ｜不變量

　　這是常數乘積公式規則的結果。舉例來說，不變量等於 SA × SB，其中 SA 是資產 A 供給、SB 是資產 B 供給。假設瞬間匯率是 1A：1B。資產 A 供給等於 4 單位，資產 B 的供給也等於 4 單位，不變量就等於 16 單位。假設投資者想要拿一些 A 兌換一些 B，於是存入 4 單位 A，這樣一來合約就有 8 單位 A（SA=4+4=8）。根據不變量的定義，投資者只可以提領 2 單位 B，所以新的 B 供給就變成 2（SB=4-2=2）。不變量並沒有改變，維持在 16=2×8；但是匯率改變了，現在是 2A：1B。

Keeper｜保管人

某一類外部擁有的帳戶，是一個在 DApp 的去中心化金融協定中執行某一項行動的誘因。保管人收到一種採取固定費用，或是受到激勵的行動換算而成的百分比形式表現的獎勵。舉例來說，當擔保債權憑證變成擔保不足，保管人便進行清算，之後就會收到一筆清算費用。

Know Your Customer (KYC)｜身分驗證

一個普遍適用金融服務監管的美國監管規定，要求用戶必須表明自身身分。這道規定已經導致某些去中心化交易所封鎖美國顧客使用某些功能性。

Layer 2

一個建立於區塊鏈之上的擴充性解決方案，採用加密技術與經濟擔保以便維護期待的安全層級。舉例來說，可以採用多重簽名的支付管道完成小額交易。區塊鏈只在資金被加入或提領出管道之際派上用場。

Liquidity provider (LP) ｜流動性提供者

將資產存入池中或智能合約中以便賺取報酬的用戶。

Mainnet ｜主網路

隱身在代幣背後，完全可操作、有生產力的區塊鏈，像是比特幣區塊鏈或以太坊區塊鏈。往往用來對比測試網路。

Miner ｜礦工

從頭到尾運算出一則名為隨機數的數據的各種數值，以便試圖在工作量證明區塊鏈中找出罕見的加密雜湊值。集結並驗證新區塊的候選交易、加入隨機數，並執行加密技術的雜湊函數。隨機數千變萬化，而且雜湊功能持續不斷。如果礦工找出一個極微小的雜湊值而「獲勝」，就會收到新鑄加密貨幣的直接獎勵。礦工也賺取非直接獎勵，即是為區塊中包含的交易收取費用。

Miner extractable value ｜礦工可提領價值

礦工可獲得的利潤。舉例來說，礦工可以搶跑一筆他們深信將會提升加密貨幣價格的擱置交易（好比大量買進）。也被稱為最大化可提領價值。

Mint ｜鑄幣

增加代幣供給的行動，亦為銷毀的反義詞。通常發生在用戶進入一座池中並獲取所有權比率時。鑄幣與銷毀本質上都是無擔保穩定幣模型的重要組成要素（也就是一旦穩定幣太貴就會新鑄更多，這樣一來便會增幣供給、壓低價格）。鑄幣也是一種獎勵用戶行為的手段。

Networked liquidity ｜流動性網路

任何交易所的應用程式都可以利用同一串區塊鏈上其他交易所的流動性與利率操作槓桿的構想。

Node ｜節點

網路上的電腦，具備完整的區塊鏈副本。

Nonce ｜隨機數

一套當礦工從頭到尾運算各種數值，正試圖發現罕見的密碼雜湊值時，與他們反其道而行的機制。隨機數源自「只使用一次的數字（number only once）」。

Optimistic rollup

一套擴充性解方，以供交易在鏈下一一加總，然後整合成單一份摘要，再定期呈交到鏈上。

Oracle ｜預言機

一套提供在區塊鏈外部範圍蒐集資訊的方法，各方參與者必須就資訊來源達成共識。

Order book matching ｜訂單簿撮合

一個各方參與者必須就互換匯率達成共識的過程。造市者可以在去中心化交易所發布標案與詢價，並允許接受者以預先商定的價格填上報價。在報價被接受之前，造市者都有權限撤回報價或是更新匯率。

Perpetual futures contract ｜永續期貨合約

類似傳統期貨合約，但是沒有到期日。

Proof of stake (PoS) ｜權益證明

相對於工作量證明的另一套共識機制，也是以太坊 2.0 的關鍵特徵，在此，在下一顆區塊權益質押某項資產的做法取代區塊挖礦的工作量證明模式。在工作量證明模式中，礦工必須花錢購買電力與設備才能贏得一顆區塊。在權益證明模式中，驗證者投入一些資本（即權益）測試區塊的有效性。驗證者拿自己的加密貨幣權益質押，證明自己的可用價值，然後隨機被挑選出來提議某一顆區塊。這顆被提出來的區塊必須被多數其他驗證者測試，驗證者同時借道提議一顆區塊並測試其他被提出區塊的有效性獲利。如果驗證者採取惡意行動，就會招致懲罰機制削減他們的權益。

Proof of work (PoW) ｜工作量證明

最初是 2002 年由比特幣和以太坊這兩串領先的區塊鏈提出當作共識機制的倡議，礦工競相找出罕見的加密雜湊值，它很難找到卻很容易驗證。礦工找出這個加密雜湊值，並且用它在區塊鏈中加入區塊就會獲得獎勵。找出雜湊的運算高難度使得回頭改寫領先區塊鏈的紀錄成為不可能的任務。

Router contracts ｜路由合約

一種在去中心化交易所的環境中可見到的合約，舉例來說，如果在 Uniswap 沒有即時可用的直接交易配對，它就是決定最有效率交換路徑，因而拿到最低滑價的合約。

Scaling risk ｜擴充性風險

多數當前的區塊鏈每秒處理更龐大交易量的能力有限。請參見垂直擴充與水平擴充。

Schelling-point oracle ｜謝林點預言機

一種型態的預言機，倚賴固定供給代幣的擁有者針對事件的結果投票或是回報資產價格。

Sharding ｜分片

在區塊鏈的環境中水平拆分數據庫的過程。也被稱為水平擴充。將系統的工作劃分成幾大部分，保留去中心化，但是藉由並行化提升系統的吞吐量。以太坊 2.0 採取這套手法以期達成減輕網路壅塞並提升每秒處理交易量的目標。

Slashing ｜ 罰沒

一套權益證明區塊鏈協定的機制，用意是打消特定用戶的惡意行為。

Slashing condition ｜ 罰沒條件

觸發罰沒行為的機制。罰沒條件的範例發生在擔保不足觸發清算時。

Smart contract ｜ 智能合約

一旦收到以太幣或礦工費就會啟動的合約。考慮到太坊區塊鏈的分布式特性，專案在每個節點運行。以太坊區塊鏈一大特性就是去中心化金融應用程式的主要區塊鏈。

Specie ｜ 硬幣

諸如黃金或白銀（或鎳與銅）之類的金屬貨幣本身便具備價值（也就是如果熔化就能當作金屬出售）。

Stablecoin ｜穩定幣

與諸如美元之類的資產價值密切相關的代幣。穩定幣可以用實體資產（諸如 USDC 中的美元）或數位資產（諸如 DAI）擔保，或者也可以無擔保（AMPL 或 ESD）。

Staked incentive ｜權益質押誘因

託管在智能合約中的代幣餘額，其目的是影響用戶行為。權益質押獎勵的設計宗旨是根據質押規模，藉由在用戶的代幣餘額中給予額外好處，進而鼓勵積極正向的行為。權益質押懲罰（即罰沒）的設計宗旨是根據權益質押規模，移除一部分用戶的代幣餘額，進而勸阻負面行為。

Staking ｜權益質押

用戶放在智能合約中託管的資金，如果他們偏離預期行為就會受到處罰（資金罰沒）。

Swap ｜交換

拿一種代幣交換另一種代幣。在去中心化金融中，交換不能分割，而且非託管。資金可以被託管在智能合約中，並附帶互換完成之前可以隨時行使的提領權限。如果互換沒有完成，所有各方都保留自己被託管的資金。

Symmetric key cryptography ｜對稱金鑰加密技術

一種加密技術，在此公共密鑰是被用來加密並解密訊息。

Testnet ｜測試網路

一串與主網路功能相同的區塊鏈，其目的是要測試軟體。舉例來說，在測試以太坊時，與測試網路相關的代幣就被稱為測試以太幣，它們可以免費從鑄造測試以太幣的智能合約中獲得（被稱為水龍頭）。

Transparency ｜透明度

任何人都可以查看程式碼以及所有寄給智能合約的交易的能力。常用的區塊鏈瀏覽器是 etherscan.io。

Utility token ｜功能型代幣

一種同質化代幣，被要求應用智能合約系統的某些功能性，或是具有被各自智能合約系統定義的內在價值。舉例來說，無論是擔保用或演算用的穩定幣都是一種功能型代幣。

Vampirism｜吸血主義

　　去中心化金融平台的精確或接近精確的複製品，設計用意是通過提供用戶直接誘因，然後從既有平台中提領流動性。

Vault｜資金庫

　　一種託管擔保品並追蹤擔保品價值的智能合約。

Vertical scaling｜垂直擴充

　　將所有交易集中在單一大型機器處理，以降低與工作量證明區塊鏈（好比以太坊）相關的通訊開銷（交易－區塊延遲），但是會導致集中式架構，在此一部機器負責大部分的系統處理流程。

Yield farming｜流動性挖礦

　　一種提供用戶合約資助獎勵以便鼓勵權益質押資本或使用協定的方法。

注釋

CHAPTER 1

1. See Alan White, "David Graber's Debt: The First 5000 Years," *Credit Slips*, June 24, 2020, https://www.creditslips. org/creditslips/2020/06/david-graebers-debt-the-first-5000-years.html.

2. Dean Corbae and Pablo D'Erasmo, "Rising Bank Concentration," Staff Paper #594, Federal Reserve Bank of Minneapolis, March 2020, https://doi.org/10.21034/sr.594.

3. *Plaid*, http://plaid.com.

4. R. Chetty, N. Hendren, P. Kline, and E. Saez, "Where Is the Land of Opportunity? The Geography of Intergenerational Mobility in the United States," *Quarterly Journal of Economics* 129, no. 4 (2014): 1553–1623; Amber Narayan et al., *Fair Progress?: Economic Mobility Across Generations Around the World, Equity and Development*, Washington, DC: World Bank, 2018.

CHAPTER 2

1. Alan White, "David Graeber's Debt: The First 5000 Years," *Credit Slips: A Discussion on Credit, Finance, and Bankruptcy*, June 18, 2020, https://www.creditslips.org/creditslips/2020/06/david-graebers-debt-the-first-5000-years.html.

2. Ibid. See also *Euromoney*. 2001. "Forex Goes into Future Shock." (October), https://faculty.fuqua.duke.edu/~charvey/Media/2001/EuromoneyOct01.pdf.

3. PayPal 的前身 Confinity 是在 1998 年問世，直到 2000 與 X.com 合併才開始提供支付功能。

4. 其他範例包括 Cash App、Braintree、Venmo 與 Robinhood。

5. C. R. Harvey, "The History of Digital Money," 2020, https://faculty.fuqua.duke.edu/~charvey/Teaching/697_2020/Public_Presentations_697/History_of_Digital_Money_2020_697.pdf.

6. Satoshi Nakamoto, "Bitcoin: A Peer-to-Peer ElectronicCash System," 2008, https://bitcoin.org/bitcoin.pdf.

7. Stuart Haber and W. Scott Stornetta, "How to Time-Stamp a Digital Document," *Journal of Cryptology*, 3, no. 2 (1991), https://dl.acm.org/doi/10.1007/BF00196791.

8. Adam Back, "Hashcash – A Denial of Service Counter-Measure," August 1, 2002, http://www.hashcash.org/papers/hashcash.pdf.

9. Paul Jones and Lorenzo Giorgianni, "Market Outlook: Macro Perspective," *Jameson Lopp*, n.d., https://www.lopp.net/pdf/BVI-Macro-Outlook.

pdf.

10.C・厄伯（C. Erb）與C・R・哈維（C. R. Harvey）合撰〈黃金的困境〉（The Golden Dilemma），刊登於 2013 年《財務分析師期刊》（Financial Analysts Journal），顯示黃金是不可靠的短期至中期通膨避險工具。

11.比特幣類似黃金，可能波動過劇，因此不能成為短期的通膨避險工具。雖說理論上比特幣與任何國家的貨幣供給或經濟脫鉤，但是在它的短暫發展史中，我們沒有經歷過任何通膨飆升。因此，沒有任何的已知經驗可以證明它的有效性。

CHAPTER 3

1. From a panel discussion at the Computer History Museum, see newsbtc, "Google Chairman Eric Schmidt: Bitcoin

Architecture an Amazing Advancement," newsbtc, 2014, https://www.newsbtc.com/news/google-chairman-eric-schmidt-bitcoin-architecture-amazing-advancement/.

2. 同質化代幣擁有同等價值，正如每一張美元紙鈔具有同等價值，而每一張 10 美元紙鈔等於兩張 5 美元紙鈔。相比之下，非同質代幣反映它們相關事物的價值，好比每一顆非同質代幣可能與一件諸如繪畫的藝術品相關。它們不必然具備同等價值。

3. Steve Ellis, Ari Juels, and Sergey Nazarov, "ChainLink: A Decentralized Oracle Network," September 4, 2017, https://research.chain.link/whitepaper-v1.pdf?_ga=2.202512913.1239424617.1619728722-1563851301.1619728722.

4. Lorenz Breidenbach et al., "Chainlink 2.0: Next Steps in the Evolution of Decentralized Oracle Networks," April 15, 2021, https://research.chain.link/whitepaper-v2.pdf.

5. Tether, *Tether Operations*, 2021, https://tether.to.

6. 2021 年 3 月 30 日，泰達製作一份由審計公司摩爾開曼（Moore Cayman）準備的「證言（第三方持股驗證）」文件，內載截至 2021 年 2 月 28 日的持股情況。這是一次性持股分析，而非定期審計。

7. "USDC: The World's Leading Digital Dollar Stablecoin," *Circle Internet Financial Limited*, 2021, https://www.circle.com/en/usdc.

8. 當然，從集中式監管視角來看，黑名單可能是令人滿意的功能，而非風險。

9. *MakerDAO*, https://makerdao.com.

10. *Synthetix*, https://www.synthetix.io/.

11. Nader Al-Naji, "Dear Basis Community," *Basis*, December 13, 2018, https://www.basis.io/.

12. *Ampleforth*, https://www.ampleforth.org/.

13. *Empty set dollar*, https://www.emptyset.finance/.

14. See, e.g., *Financial Stability Board*, "Regulation, Supervision and Oversight of "Global Stablecoin" Arrangements," October 13, 2020, https://www.fsb.org/wp-content/uploads/P131020-3.pdf.

CHAPTER 4

1. 技術上來說，發送到外部擁有帳戶的交易也會傳遞數據，不過這些數據沒有以太坊的特定功能

2. Fabian Fobelsteller and Vitalik Buterin, "EIP-20: ERC-20 Token Standard," *Ethereum Improvement Proposals*, no. 20, November 2015 [Online serial], https://eips.ethereum.org/EIPS/eip-20.

3. William Entriken et al., "EIP-721: ERC-721 Non-Fungible Token Standard," *Ethereum Improvement Proposals*, no. 721, January 2018 [Online serial], https://eips.ethereum.org/EIPS/eip-721.

4. Witek Radomski et al., "EIP-1155: ERC-1155 Multi Token Standard," Ethereum Improvement Proposals, no. 1155, June 2018 [Online serial], https://eips.ethereum.org/EIPS/eip-1155.

5. 一般來說，檢查總和是加密貨幣的原始協議，用來檢驗數據的完整性。在以太坊位址的背景下，EIP-55 提出一種位址的特定檢查總和加密技術，以便阻止不正確的位址接收代幣轉移。如果用於傳輸代幣的位址沒有包含正確的檢查總和元數據，合約便假定這個位址是誤植資訊，交易就會不成立。典型來說，部署智能合約程式碼之前，程式碼編譯器與用來與以太坊互動的客戶軟體就會將這些檢查加進去。請參見維塔利·布特林與以太坊使用者體驗設計師艾力克斯·德·桑德（Alex Van de Sande）合

撰〈EIP-55：編寫大小寫混用的檢查總和位址程式碼〉
（EIP-55: Mixed- case checksum address encoding），2016
年1月（線上連載方式）刊登於以太坊改進提案（Ethereum
Improvement Proposals）。https://eips.ethereum.org/EIPS/
eip-55

6. 註記合約與介面允許鏈上的智能合約會判斷與它互動的
另一份是否正在執行預期的介面。舉例來說，一份合約
可能註記，要是它無法處理所有 ERC-20 代幣，至少可
以處理特定的 ERC-20 代幣。寄發合約可以驗證收件方
是否支持 ERC-20 代幣當作清算轉移的先決條件。EIP-
165 提議一套標準的解方，在此每一份合約都會聲明自
己執行哪些介面。請參見克里斯欽‧萊威斯納（Christian
Reitwiessner）等人合撰〈EIP-165：EIP-165 標準介面檢測〉
（EIP-165: ERC-165 Standard Interface Detection）2018 年
1 月（線上連載方式）刊登於以太坊改進提案。https://
eips.ethereum.org/EIPS/eip-165。

CHAPTER 6

1. 許多去中心化金融資源唾手可得。舉例來說，請參見
https://defipulse.com/defi-list/ 與 https://github.com/ong/

awesome-decentralized-finance。我們並未涵蓋所有應用程式，例如保險就是一個去中心化金融的成長領域，提供重塑傳統保險市場的機會。

2. Stellar, *Stellar Development Foundation*, 2021, https://www.stellar.org/; EOS, Block.one, 2021, https://eos.io/.

3. *Polkadot*, Web3 Foundation, 2021, https://polkadot.network/.

4. *MakerDAO*, https://makerdao.com.

5. 有可能在合約中存入以太幣，然後接收 DAI。投資者可以花用 DAI 買入更多以太幣並重複這個過程，這會讓投資者創造一個槓桿以太幣的部位。

6. 可供出售的以太幣數量取決於擔保品。任何不被需要的擔保品都會保留在合約中，以供資金庫持有者提領。

7. Compound 的法定人數規則是每人至少擁有 40 萬單位 COMP 代幣（相當於最終供給總量的 4%）。

8. "Distribute COMP to Users," *Compound Labs*, Inc., June 15, 2020, https://compound.finance/governance/proposals/7.

9. *PoolTogether*, https://pooltogether.com/.

10. 多數樂透彩中，3% 至 50% 的銷售額會被標記為行政成本，以及政府或慈善用途；因此，投資 1 美元買樂透彩的預期價值是 0.5 至 0.7 美元。在無損失彩票中，所有銷售額都已經先付清,因此預期價值就是 1 美元。

11. *Aave*, 2021, https://aave.com/.

12. *Uniswap*, https://app.uniswap.org/#/swap.

13. 流動性提供者會挹注市場雙方,因此便提升總市場流動性。如果用戶拿一種資產交換另一種,由不變量衡量的市場總流動性並不會改變。

14 *Curve*, https://curve.fi/.

15. 以太幣雖然是同質化,卻不是 ERC-20,包括 Uniswap 在內的許多平台因而改用 WETH 這種 ERC-20 打包以太幣解決這個問題。Uniswap 允許用戶直接供給並拿以太幣交易,同時也在幕後轉換成 WETH。請參見 2021 年錢包到錢包交易平台 Radar Relay 發表的文章〈WETH 是什麼?〉https://weth.io/。

16. https://github.com/bogatyy/bancor

17. https://explore.flashbots.net/

18. 這是智能合約層級的檢查。換句話說,合約在完成交易之前會檢查最初發布價格到有效執行價格的總滑價(但如果其他交易一開始就像文中描述的搶跑交易企圖先搶先贏一樣,便有可能會發生變化)。倘使滑價超出預先定義的用戶容忍度,整起買賣就會被取消,也就是合約執行失敗。

19. Andrey Shevchenko, "A New DeFi Exchange Says It Has Solved an Industry-Wide Problem," *Cointelegraph, August* 11, 2020, https://cointelegraph.com/news/a-new-defi-exchange-says-it-has-solved-an-industry-wide-problem.

20. *Sushiswap*, https://sushi.com/.

21. *Balancer*, Balancer Labs, https://balancer.finance/.

22. 平衡器中的聯合表層是由 $V = \prod_{t=0}^{n} B_t^{W^t}$ 給出，在此 V 是價值函數（類似乘積 k）、n 是池中資產的數量、B 是池中代幣 t 的餘額，W 則是代幣 t 的標準化權重。請參見平衡器共同創辦人兼執行長費南多‧馬提內利（Fernando Martinelli）所撰〈聯合表層與平衡器協定〉（Bonding Surfaces & Balancer Protocol），刊登於 2019 年 10 月 4 日平衡器官網。https://medium.com/balancer-protocol/bonding-surfaces- balancer-protocol-ff6d3d05d577

23. Uniswap, "Introducing Uniswap V3," *Uniswap*, March 23, 2021, https://uniswap.org/blog/uniswap-v3/.

24. Dan Robinson and Allan Niemerg. 2020. "The Yield Protocol: On-Chain Lending with Interest Rate Discovery," April [White paper], https://research.paradigm.xyz/Yield.pdf.

25.Martin Lundfall, Lucas Vogelsang, and Lev Livnev, Chai, chai. money, https://chai.money/.

26.dYdX, https://dydx.exchange/.

27.比特幣－美元永續產品採用 MarkerDAO 的 BTC-USD 預言機第二版，這部預言機採用鏈上方式呈報幣安、Bitfinex、Bitstamp、Bittrex、Coinbase Pro、Gemini 與 Kraken 等各家加密貨幣交易所得比特幣價格。請參見加密貨幣專家尼克・薩維納（Nick Sawinyh）所撰〈何謂比特幣的永續合約 dYdX 永續期貨這樣解釋〉（What Are Perpetual Contracts for Bitcoin? dYdX Perpetual Futures Explained），2020 年 7 月 7 日刊登於 defiprime.com。https://defiprime.com/perpetual-dydx

28.去中心化金融中每一套協定只有在用戶與協定本身互動時才能可以更新餘額。試舉 Compound 為例，利率是固定值，直到供給進入或離開池，進而改變利用率。合約就只是在餘額更新期間追蹤當前利率和上一回的時間戳記，一旦新用戶借款或供給，交易就會更新整座市場的利率。同理，雖說 dYdX 的融資利率每秒更新，唯獨應用在用戶開設、關閉或編輯部位的時候。合約依據利率值與其貨幣位已經開設多長時間計算新值。

29.美國境內的投資者無法使用這些服務。

30.*Synthetix*, https://www.synthetix.io/.

31.*Chainlink*, SmartContract Chainlink Ltd., 2021, https://chain. link/.

32.See Garth Travers, "All Synths Are Now Powered by Chainlink Decentralised Oracles," *Synthetix*, September 1, 2020, https://blog.synthetix.io/all-synths-are-now-powered-by-chainlink-decentralised-oracles/.

33.在任何 Synthetix 部位中，交易者實際上是押注他們自身的報酬率將會超過這座池的報酬率。舉例來說，交易者僅持有 sUSD，實際上是在做空所有其他交易者的 Synthetix 中投資組合的整套組成部分。交易者的目標是擁有他／她認為表現將會超越市場其他對手的 Synths，因為它就是唯一的獲利之道。

34.*Set Protocol*, Set, https://www.setprotocol.com.

35.wBTC, Wrapped Bitcoin, https://wbtc.network/.

36.比特幣的絕對波動水準與 S&P 500 或黃金相較之下依舊非常高。

CHAPTER 7

1. Bloomberg, "How to Steal $500 Million in Cryptocurrency," *Fortune*, January 31, 2018, https://fortune.com/2018/01/31/coincheck-hack-how/.

2. Szabo, Nick. 1997. "Formalizing and Securing Relationships on Public Networks," Satoshi Nakamoto Institute, https://nakamotoinstitute.org/formalizing-securing-relationships/.

3. *dForce*, https://dforce.network/; bZx, bZeroX, 2021, https://bzx.network/; Andre Shevchenko, "DForce Hacker Returns Stolen Money as Criticism of the Project Continues," Cointelegraph, April 22, 2020, https://cointelegraph.com/news/dforce-hacker-returns-stolen-money-as-criticism-of-the-project-continues; Adrian Zmudzinski, "Decentralized Lending Protocol bZx Hacked Twice in a Matter of Days," *Cointelegraph*, February 18, 2020, https://cointelegraph.com/news/decentralized-lending-protocol-bzx-hacked-twice-in-a-matter-of-days; Quantstamp, 2017–2020, https://quantstamp.com/; Trail of Bits, https://www.trailofbits.com/; PeckShield, 2018, https://blog.peckshield.com/.

4. Kyle J. Kistner, "Post-Mortem: Funds Are SAFU," *bZerox*,

February 17, 2020, https://bzx.network/blog/postmortem-ethdenver.

5. Ethereum block 1428757.

6. Andrew Hayward and Robert Stevens, "Hackers Just Tapped China's dForce for $25 Million in Ethereum Exploit," *Decrypt*, April 19, 2020, https://decrypt.co/26033/dforce-lendfme-defi-hack-25m.

7. Michael McSweeney, "Yearn Finance Suffers Exploit, Says $2.8 Million Stolen by Attacker out of $11 Million Loss," *Block*, February 4, 2021, https://www.theblockcrypto.com/linked/93818/yearn-finance-dai-pool-defi-exploit-attack.

8. "Transaction Details," *Etherscan*, February 4, 2021, https://etherscan.io/tx/0x6dc268706818d1e6503739950abc5ba2211fc6b451e54244da7b1e226b12e027.

9. Ashwin Ramachandran and Haseeb Qureshi, "Decentralized Governance: Innovation or Imitation?" *Dragonfly Research*, August 5, 2020, https://medium.com/dragonfly-research/decentralized-governance-innovation-or-imitation-ad872f37b1ea.

10. *Automata*, https://automata.fi/.

11. True Seigniorage Dollar, "Twitter Status," March 13, 2021, https://twitter.com/trueseigniorage/status/13709567264894156 83?lang=en.

12. *Augur*, PM Research LTD, 2020, https://augur.net/; UMA, Risk Labs, 2020, https://umaproject.org/.

13. *Provable*, Provable Things Limited, https://provable.xyz/; Chainlink, SmartContract Chainlink Ltd, 2021, https://chain. link/.

14. Ivan Bogatyy, "Implementing Ethereum Trading Front-Runs on the Bancor Exchange in Python," *Hackernoon*, August 17, 2017, https://hackernoon.com/front-running-bancor-in-150-lines-of-python-with-ethereum-api-d5e2bfd0d798; Kain Warwick, "Addressing Claims of Deleted Balances," *Synthetix*, September 16, 2019, https://blog.synthetix.io/ addressing-claims-of-deleted-balances/.

15. Priyeshu Garg, "Chainlink Experiences 6-Hour Delay on ETH Price Feed," *Cryptobriefing*, March 13, 2020, https:// cryptobriefing.com/chainlink-experiences-6-hour-delay-eth-price-feed/; Tom Schmidt, "Daos Ex Machina: An In-Depth Timeline of Maker's Recent Crisis," Dragonfly Research,

March 24, 2020, https://medium.com/dragonfly-research/daos-ex-machina-an-in-depth-timeline-of-makers-recent-crisis-66d2ae39dd65.

16. *Polkadot*, Web3 Foundation, 2021, https://polkadot.network/; Zilliqa Zilliqa Research Pte. Ltd., 2020, https://www.zilliqa.com/; Algorand, Algorand, 2021, https://www.algorand.com/.

17. *Solana*, Solana Foundation, https://solana.com/.

18. See https://docs.ethhub.io/ethereum-roadmap/ethereum-2.0/eth-2.0-phases/.

19. For more on this topic, see Haseeb Qureshi, "What Explains the Rise of AMMs?" *Dragonfly Research*, July 2020.

20. *Cap*, https://cap.eth.link/.

21. Jump, Jump Trading, LLC, 2021, https://www.jumptrading.com/; *Virtu*, VIRTU Financial, 2021, https://www.virtu.com/; DRW, DRW Holdings, LLC, 2021, https://drw.com/; Jane Street, https://www.janestreet.com/.

22. Nathaniel Popper, "Lost Passwords Lock Millionaires Out of Their Bitcoin Fortunes," *New York Times*, January 12, 2021, https://www.nytimes.com/2021/01/12/technology/bitcoin-passwords- wallets-fortunes.html.

23. "A Complete List of Cryptocurrency Exchange Hacks," *IDEX Blog*, last updated July 16, 2020, https://blog.idex.io/all-posts/a-complete-list-of-cryptocurrency-exchange-hacks-updated.

24. BitMEX, "Announcing the BitMEX User Verification Programme," *BitMEX*, August 14, 2020, https://blog.bitmex.com/announcing-the-bitmex-user-verification-programme/.

25. Nader Al-Naji, "Dear Basis Community," *Basis*, December 13, 2018, https://www.basis.io/.

26. Brady Dale, "Basis Stablecoin Confirms Shutdown, Blaming 'Regulatory Constraints,'" *Coindesk*, December 13, 2018, https://www.coindesk.com/basis-stablecoin-confirms-shutdown-blaming-regulatory-constraints.

27. https://basis.cash/.

28. "ICO Issuer Settles SEC Registration Charges, Agrees to Return Funds and Register Tokens as Securities," *U.S. Securities and Exchange Commission*, February 19, 2020, https://www.sec.gov/news/press-release/2020-37.

29. "Virtual Currency Business Activity," Department of Financial Services, State of New York, https://www.dfs.ny.gov/apps_and_licensing/virtual_currency_businesses.

30.https://www.irs.gov/pub/irs-dft/i1040gi--dft.pdf.

31.Bryan Hubbard, "Federally Chartered Banks and Thrifts May Provide Custody Services for Crypto Assets," *Office of the Comptroller of the Currency*, July 22, 2020, https://www.occ. gov/news-issuances/news-releases/2020/nr-occ-2020-98.html.

CHAPTER 8

1. *Dharma*, Dharma Labs, https://www.dharma.io/.

高寶書版集團
gobooks.com.tw

RI 361

DeFi 未來銀行：可公開驗證、紀錄不可竄改，輕鬆實現跨境交易、人人都將參與的新金融革命
DeFi and the Future of Finance

作　　者	坎貝爾‧R‧哈維博士（Campbell R. Harvey, PHD）、艾胥文‧拉馬虔蘭（Ashwin Ramachandran）、喬伊‧桑托羅（Joey Santoro）
譯　　者	周玉文
主　　編	吳珮旻
編　　輯	鄭淇丰
封面設計	林政嘉
內文編排	賴姵均
企　　劃	何嘉雯
版　　權	蕭以旻、顏慧儀

發 行 人	朱凱蕾
出　　版	英屬維京群島商高寶國際有限公司台灣分公司 Global Group Holdings, Ltd.
地　　址	台北市內湖區洲子街 88 號 3 樓
網　　址	gobooks.com.tw
電　　話	（02）27992788
電　　郵	readers@gobooks.com.tw（讀者服務部）
傳　　真	出版部（02）27990909　行銷部（02）27993088
郵政劃撥	19394552
戶　　名	英屬維京群島商高寶國際有限公司台灣分公司
發　　行	英屬維京群島商高寶國際有限公司台灣分公司
初版日期	2022 年 5 月

國家圖書館出版品預行編目（CIP）資料

DeFi 未來銀行：可公開驗證、紀錄不可竄改，輕鬆實現跨境交易、人人都將參與的新金融革命 / 坎貝爾 .R. 哈維 (Campbell R. Harvey), 艾胥文 . 拉馬虔蘭 (Ashwin Ramachandran), 喬伊 . 桑托羅 (Joey Santoro) 著；周玉文譯 . -- 初版 . -- 臺北市：英屬維京群島商高寶國際有限公司臺灣分公司 , 2022.05
　　面；　　公分 .--（致富館；RI 361）

譯自：DeFi and the future of finance

ISBN 978-986-506-425-9（平裝）

1.CST: 金融業 2.CST: 銀行業

541.49　　　　　　　　　　　　　　111006933